公司动态财务理论

Corporate Dynamic Financial Theory

吴树畅 著

图书在版编目（CIP）数据

公司动态财务理论/吴树畅著．—北京：经济管理出版社，2012.6
ISBN 978-7-5096-1919-3

Ⅰ.①公⋯　Ⅱ.①吴⋯　Ⅲ.①公司—财务管理
Ⅳ.①F276.6

中国版本图书馆 CIP 数据核字（2012）第 093056 号

出版发行：经济管理出版社
北京市海淀区北蜂窝 8 号中雅大厦 11 层
电话：(010)51915602　　邮编：100038
印刷：北京银祥印刷厂　　经销：新华书店
组稿编辑：申桂萍　　　　责任编辑：孙　宇
责任印制：黄　铄　　　　责任校对：蒋　方

720mm×1000mm/16　　14.5 印张　　188 千字
2012 年 6 月第 1 版　　　2012 年 6 月第 1 次印刷
定价：39.00 元
书号：ISBN 978-7-5096-1919-3

·版权所有　翻印必究·

凡购本社图书，如有印装错误，由本社读者服务部
负责调换。联系地址：北京阜外月坛北小街 2 号
电话：(010)68022974　邮编：100836

前　言

21世纪，信息技术的发展和经济全球化使公司的财务环境呈现出复杂性和不确定性。随着互联网的发展，网络环境的结构形态表现为信息过度，即信息的生成、传播、认知过度化和信息主体的竞争、需求过度化，从而使得人类社会从"信息短缺"时代进入"信息过剩"时代。在"信息短缺"的环境下，信息的生成、传播和获得困难，信息的认知慢，识别和认同容易，而在"信息过剩"环境下，信息的生成、传播和获得容易，信息的认知快，识别和认同则困难。信息的过度导致信息认知的对称性增强和信息识别的不对称性增强。信息的难识别性和不对称性则必然带来更多的无效信息，相对于信息成本和信息效益来说，网络环境信息具有更多的风险性和不确定性（周建波，2010）。经济全球化使不同国家和地区之间的经济依赖性，以及金融市场的联动性逐渐增强；公司面临的市场竞争主体、决策依赖的信息量不断增加，决策信息的不完全性和非对称性增强，公司决策面临更多的是 Knight（1921）提出的不确定性。

公司财务环境日趋复杂、多变，如何适应动荡变化的环境，保持财务系统的安全有效运行，传统公司财务理论对此的指导作用逐渐弱化，表现出不适应性和不完全性。

基于完美假设条件提出的公司财务理论模型缺乏对现实应有的解释力和预测力。传统财务学奉行新古典经济学分析范式，常常以经济人、理性预期、稳定均衡为研究前提，而公司财务环境和活动的一系列变化正日益挑战着主流的新古典范式和以此构建的公司财务学知识体系的解释能力和预测能力。如代理成本、社会责任等问题要求财务理论跳出资本价值研究的窠臼，将制度因素纳入财务学研究范畴。

传统财务理论以英美等发达国家的资本市场为研究背景，在有效资本市场前提条件下对资本、价值两个核心问题进行了研究，取得诸如证券估值模型、资本资产定价模型、套利定价模型、资本结构理论、股利政策理论、融资啄食顺序理论、投资组合理论等成果。但是，这些理论成果对发展中国家资本市场证券价格行为、公司财务行为的指导和解释作用是有限的。

公司应与时俱进，才能保持可持续发展，公司财务理论也应不断创新与发展，才能为不断发展的公司提供财务实践指导。环境、财务行为、公司价值是财务理论的核心概念，公司财务行为必须适应环境变化，才能不断创造公司价值。从纵向看，不同生命周期阶段，公司面临的财务环境是不同的，财务管理模式也不同，公司需要在不同生命周期阶段实现财务管理模式的转换以顺应环境的变化。从横向看，信息化社会和全球化经济拓展了公司理财的时空边界，系统的不确定性和复杂性增强了，对于公司来说，如何适应快速变化的环境，客观上需要对传统财务理论进行创新与发展。

本书正是基于以上考虑，在笔者长期思考与研究的基础上形成的。研究的前提及主要对象是在奈特不确定性财务环境下，公司如何培育、构建动态财务能力，适时调整财务政策、资产结构、融资结构、治理结构，优化配置资源、抓住时机、创造价值。研究的主要内容包括：①公司财务环境及其不确定性。②公司动态财务能力。③公司财务状态评判。④公司财务机会识别。⑤公司财务政策选择。⑥公司财务行为选择。⑦公司动态管控模式。⑧公司动态财务治理。

本书得到了山东工商学院金融学科建设项目基金、山东省自然科学基金项目（项目名称：基于经济周期的企业实物投资行为选择研究；项目编号：ZR 2010G L021）的资助。该书还得到了笔者的家人以及山东工商学院辛波教授、马宇教授的大力支持，在此表示深深的谢意。

吴树畅
2012 年 3 月

目 录

第一章 公司财务环境及其不确定性 ………………………… 1

    第一节 公司财务环境结构及其特征 ………………………… 1

    第二节 公司财务环境不确定性分析 ………………………… 3

    第三节 公司财务不确定性 ……………………………………… 9

第二章 公司动态财务能力 ………………………………………… 21

    第一节 财务柔性、权变财务与动态财务能力 ………………… 22

    第二节 公司动态财务能力构建 ………………………………… 25

    第三节 公司动态财务能力分析：以"中联重科"

            为例 ……………………………………………………… 30

第三章 公司财务状态评判 ………………………………………… 39

    第一节 公司财务状态含义 ……………………………………… 39

    第二节 公司财务状态分类 ……………………………………… 40

    第三节 公司财务状态评判 ……………………………………… 44

第四章 公司财务机会识别 ………………………………………… 59

    第一节 机会与财务机会 ………………………………………… 59

    第二节 财务机会识别的意义 …………………………………… 61

    第三节 财务机会及其识别影响因素分析 ……………………… 62

第四节 财务机会识别 …………………………………… 68

第五节 投资时机选择：以煤炭储备开发为例 …………… 75

第五章 公司财务政策选择 …………………………………… 83

第一节 财务政策含义 …………………………………… 83

第二节 财务政策类别与内容 …………………………… 85

第三节 财务政策选择 …………………………………… 92

第四节 公司生命周期财务政策选择 …………………… 99

第五节 经济周期财务政策选择 ………………………… 107

第六节 产品生命周期财务管理策略 …………………… 110

第七节 公司财务政策选择案例分析 …………………… 114

第六章 公司财务行为选择 ………………………………… 129

第一节 资产组合选择 …………………………………… 130

第二节 投资策略选择 …………………………………… 136

第三节 投资行为选择决策模型 ………………………… 142

第四节 融资行为选择 …………………………………… 155

第五节 融资结构、资产结构对公司绩效的影响 ……… 164

第七章 公司动态管控模式 ………………………………… 169

第一节 公司管控模式分类与比较 ……………………… 169

第二节 公司管控模式选择影响因素 …………………… 176

第三节 公司管控模式构建：一个案例分析 …………… 179

第八章 公司动态财务治理 ………………………………… 189

第一节 风险依存状态与或有选择权 …………………… 189

第二节 动态财务治理及其机理 ………………………… 190

第三节 风险分散机制选择 ……………………………… 193

第四节 公司利益相关者动态财务治理 …………… 200
第五节 公司动态财务治理的基本前提 …………… 207
第六节 动态财务治理对公司价值的影响：
一个案例分析 …………………………………… 209

参考文献 ……………………………………………… 219

第一章　公司财务环境及其不确定性

第一节　公司财务环境结构及其特征

21世纪以来，信息技术尤其是计算机网络技术的突飞猛进给人类的生产和生活方式带来巨大的变革。信息、知识和技术的传递、交流在计算机网络的支持下，变得前所未有的迅速和便捷。新的观念、模式和方法在信息技术和计算机网络推动下不断涌现，同时传统的观念、模式和方法正面临挑战。封闭的国家或地区在全球化浪潮下，其经济之门将不断被打开。网络技术在金融、产业领域的应用，使得金融产品、金融服务在线交易简单易行，大大提高了整个世界信息、技术、资金、人才、物资的流动。世界经济和区域经济的一体化使企业面临的竞争环境更加复杂和不确定。

传统公司财务理论将公司财务环境划分为政治、经济、金融、法律、文化、自然等不同方面，并从单一因素进行分析，这种分析方法在经济相对封闭、非网络化的经济社会下较为适用，因为公司财务环境相对比较稳定，渐变是常态，而且单一因素的变化导致其他环境因素协变和聚变的可能性较小。进入21世纪之后，随着经济开放程度的提高以及网络技术的发展，系统性因素之间协变及聚变较为频繁，而且系统环境的变化有时具有毁灭性，对公司财务正常运行产生很大影响。因此，公司财务环境的分析不仅要考虑单一因素变化对公司理财行为的影响，还要考虑因素之间相互影响、相互作用对公司理财行为的影响。

因此，在原来对公司财务环境划分的基础之上，将公司财务环境划分为系统性环境和非系统性环境（或公司特有环境），并将影响公司财务行为的因素纳入系统和非系统进行考察、分析。在常态或渐变状态下，单一环境因素的变化只会对局部或公司内部产生影响；在协变或聚变状态下，单一因素的变化会引起系统环境的聚变，甚至于非系统因素的变化会引发系统性因素的变化，从而导致公司财务环境的动荡与不确定性，使现代公司财务环境呈现如下特征：

（1）系统性、复杂性和不确定性逐渐增强。公司是经济社会系统中的一个组成部分，系统环境的变化将影响公司的生存与发展。如果将整个世界经济社会作为一个大系统，那么，各个国家和地区就是世界经济社会系统中的一个子系统。各个子系统之间相互作用、相互影响，使经济社会系统呈现出复杂性特征。如发生在2007年下半年的美国"次贷危机"，最终演化为全球性的金融危机，造成全球经济增长出现下滑、金融市场大幅动荡，金融机构、企业面临流动性短缺甚至是破产。在多个国家央行的共同干预下，虽然世界性金融危机得以平息，但是政府干预经济的后遗症在2010年之后逐渐显现：大宗物资及居民消费价格的持续上涨，造成严重通货膨胀；欧洲主权债务危机越演越烈，经济增长面临更多不确定性。在此背景下，公司财务系统环境的不确定性因素增加，既定的财务目标与政策如不及时做出适应性调整，可能会导致公司陷入财务困境、破产。

（2）行业竞争逐渐增强，公司经营风险日趋增大。随着经济开放程度的提高，行业内的竞争对手既包括本国或地区的企业，也包括其他国家或地区的企业，竞争对手数量不断增加。在信息技术高

第一章 公司财务环境及其不确定性

度发达的条件下，新技术、新产品、新机制出现的同时，竞争主体通过相互学习与模仿，使原本的竞争优势不断消失、更替或升级，加剧了行业内公司之间的竞争程度，公司经营风险逐渐增大。在此背景下，为了控制总风险，公司不得不及时调整财务政策，控制财务风险，使公司运行于可控风险之内。

（3）公司观念、战略与政策的惯性导致环境、行为与价值的背离。任何一家公司都是从无到有、从小到大逐渐成长起来的，公司发展历程积淀了企业的文化、观念，文化与观念决定了公司的发展战略与政策。但是，公司在成长过程中所处环境的变化可能是渐变的或突变的，而公司文化与观念的惯性导致突变环境下公司原本文化与观念的落后，从而导致公司发展战略与政策和环境不协调，造成公司环境、行为与价值的背离。因此，公司财务环境因素决定了公司财务行为运行的方向与特征，公司财务行为必须与系统环境因素和公司特有环境因素相适应，才能持续创造价值。但是，由于公司特有环境因素和公司财务行为往往表现出固有的惯性，当系统性环境因素发生协变或聚变时，公司的财务行为往往不能及时调整，导致公司财务环境与行为、价值的背离。

第二节 公司财务环境不确定性分析

由于主观认识的局限性，人们必须依赖于一系列假设前提，利用客观世界中各种要素之间的相互依存关系，对事物发生、发展的趋势与结果进行预测。预测信息只是对客观世界的主观描述，这种主观信息的置信程度还需要进一步的检验与确认。预测信息的置信程度不仅与被预测的事件、预测的主体、预测的假设前提有关，而且还和预测的时间有关。所以，财务主体在选择财务行为时总是面临不确定性因素的困扰。

不确定性（Uncertainty）是指状态、行为与结果的分布函数，它是指财务主体无法做出准确判断的情形。不确定性来源于主观和客观两个方面。客观世界的复杂多变导致了自然状态的不确定性，主观对客观的所处状态的识别及其一定状态下财务行为的不同选择形成了经济结果的不确定性。由于财务主体认识的有限性，主观与客观背离是必然的，一致是偶然的。主观与客观的相互作用及其背离是不确定性形成的原因。

首先，客观世界本身是一个复杂系统，具有不确定的特性。20世纪60年代之前，人们普遍认为确定性系统的运行特征是完全确定、可以预测的，而不确定性产生于随机系统。如爱因斯坦的狭义相对论认为时空不过是万物的静态参照系，爱因斯坦认为"上帝不会玩骰子"，"时间是一种错觉"，即认为宇宙万物是无时间、确定的。然而，近40年的研究成果表明，绝大多数确定性系统都会产生复杂的、不确定的行为。1977年的诺贝尔化学奖得主普利高津认为"确定性才是一种错觉"，并认为我们生活在一个可确定的概率世界，生命和物质在这个世界里沿着时间方向不断演化。①混沌理论认为各种变量之间的非线性关系能产生混沌行为，从而导致系统的不确定性。混沌行为对初始条件具有严重的依赖性，系统初始条件的微小变化最终会带来行为结果的巨幅波动。混沌理论认为趋势预测不准的主要原因在于初始值预测结果含有随机误差项，而任意小的随机误差都可能导致行为结果的巨大误差。所以，简单的系统可以产生复杂的行为，确定的系统可以产生不确定的行为。所以，客观世界是确定的、必然的、有序的，但同时又是随机的、偶然的、无序的。客观世界就是确定性和随机性、必然性和偶然性、有

---

① Ilya Prigogine. The End of Certainty: Time, Chaos, the New Laws of Nature [M]. The Free Press, 1997.

第一章 公司财务环境及其不确定性

序和无序的辩证统一。

经济系统是客观世界的一个组成部分，是在人类社会不断进化发展的过程中形成的。经济系统是由许多要素组成的，各要素之间是相互联系、相互作用的有机系统。各个构成要素之间只有协调发展才能保持经济系统的良性运转，否则，经济系统各要素之间的不平衡就会导致经济系统运行的不稳定和系统性质的改变。计划与市场、竞争与非竞争、均衡与非均衡、完全市场与不完全市场、信息对称与信息非对称、理性与非理性等经济学世界中经常出现的对立组合概念说明人类已经认识到经济系统运行中确定性与不确定性相统一的真实面目。经济周期的存在说明经济运行状态具有不确定性。经济系统中各种要素之间的相互作用，综合表现为经济的运行态势，这种经济运行态势一般要经过复苏、高涨、平稳、下跌、低迷等几个阶段。价值与使用价值、实体经济与虚拟经济的背离与回归也是经济运行不确定的重要原因。使用价值决定了价值、实体经济决定了虚拟经济；价值对使用价值具有反作用、虚拟经济对实体经济也具有反作用。当价值严重脱离使用价值、虚拟经济严重脱离实体经济时，经济就会出现过热或低迷。但是，使用价值和实体经济的轴心作用，又会使价值和虚拟经济向使用价值和实体经济靠拢。使用价值与价值、实体经济与虚拟经济的相互作用会导致经济运行的不确定性。

经济系统本身也是一个混沌的系统。网上一条消息的传播可能引起股市的剧烈震荡；现金流转的暂时不平衡可能导致债权人对资金的挤兑，造成银行或公司的破产。各种经济要素之间作用力相互耦合，造成经济结果的杠杆放大效应，如经济学的乘数效应、财务学的杠杆效应和资本市场的羊群效应等。整个经济系统就像多米诺骨牌，环环相扣、丝丝相连，一块骨牌的变化就会引起整个骨牌的系统变化，这就是人们经常说的骨牌效应。特别是在当今信息技术特别发达、世界经济高度统一的背景下，各区域经济是相互作用、相互影响的。对经济总量和经济结构的把握难度越来越大，突发事件和不可预知事件的发生都将会打乱原先的计划。所以，经济系统本身也具有不确定性。

其次，主观世界也具有不确定性。人并非是传统经济学所说的"全知全能的上帝人"，而是有限理性的社会人。人具有思维能力，可以认识世界并改造世界，但是，人的思维是有限的，主观认识不可能穷尽客观世界。人类对自身起源的认识就有多种理论假说，《圣经》创世篇中认为人是上帝造的，达尔文的物种起源学说则认为人是由低级到高级、由水生到陆生不断演化的结果，而考夫曼（Kauffman，1993）则认为进化的机制更可能是自发协同结构而不是达尔文的缓慢变化理论。人不仅对类似于起源这种历史认识是有限的，对现在、未来的客观世界的认识也是有限的，美国数字设备公司总裁肯尼恩·H.奥尔森（Kenneth H. Olsen，1997）宣称"个人没有必要在家里拥有电脑"，[①] 而时至今日，个人电脑市场发展却异常迅猛。所以，主观认识受时间跨度、信息和人自身的知识、预见能力的限制，使主观认识具有局限性。行为是主观认识的表现，主观认识是行为的先导，主观认识的不同必然导致行为的不确定性。

最后，主观与客观的不确定性及其相互作用导致了行为结果的不确定性。主观与客观的不确定性导致了两者相互作用的形式有两种：一是主观反映客观；二是主观脱离客观。如对股市是牛市还是熊市的主观判断决定了投资者的投资策略。如果判断是牛市，而客观也是如此，则投资行为的结果就能准确地预测；反之，如果股市是熊市，则投资行为的结果就会严重偏离预期的结果。

影响不确定性形成的因素包括时间、信息、技术、知识、资本、制度与行为等方面。其中，时间是影响不确定性的重要因素。

---

① 休·考特尼.不确定性管理［M］.北京：中国人民大学出版社，2000.

离现在越久远，不确定性程度越大。人类对历史认识具有不确定性，历史离现在越远，不确定性程度越大。财务史学家所要解决的问题是财务历史的不确定性问题。因为，时间跨度越大，思维的信息量越少，推测结果越具有不确定性。对未来的认识更是如此，未来跨度越大，不确定性程度就越大。

信息是财务主体判断事物发展变化趋势的基础，决策相关信息的完备程度决定了不确定性的程度。决策相关信息越不完备，行为结果的不确定性就越大。在两权分离的现代公司中，由于信息不对称性的存在，因此造成了代理者的逆向选择行为和道德风险，使委托方的收益处于不确定状态。

技术不仅可以改变客观世界，而且可以限制主观世界对客观世界的认识。哈勃望远镜的发明改变了人们对太空星系的认识，宇宙飞船使人们登月、探索火星成为可能，互联网的发明使人们足不出户便通晓天下事。信息技术的发展提高了人们预测未来的速度和精确度，利用现代信息技术可以储存大量的信息，并对储存的信息进行加工处理，以满足人们对未来预测、决策的需要。技术与收入、成本、利润也是密切相关的，先进的技术可以提高生产量、降低成本、提高利润率。然而，技术也具有生命周期，技术的周期性变化会导致公司资产规模、产品成本和投资报酬率的周期性波动。

制度是财务主体共同遵守的行为规范，制度是影响财务行为选择的重要因素。为了保证经济系统的良性运行，必须对参与者共同遵循的秩序予以制度化。制度化的形式表现为道德规范、规章制度、法律法规、政治体制等。制度对参与者行为的约束是平等的，违背制度就要受到应有的惩罚。但是，制度也不是一成不变的，随着环境的变化，制度需要不断调整、创新。制度的不确定性会导致参与者行为的不确定性。行业管制的解除会对整个行业的运营模式、竞争机制产生巨大的变化，对公司的竞争行为产生深远的影响。例如，中国加入世界贸易组织之后，中国的金融业在5年内要逐渐对外开放，外商可以直接经营人民币业务、利率市场化等，这些金融管理制度的变化必然影响到投资主体行为的选择。金融公司就会加快股份制改造，逐渐建立健全内部运营机制，防范风险，提高资本充足率，提高市场竞争力与获利能力。但是，在金融公司实施改革方案的过程中，由于制度的不确定性，方案的选择、实施及其效果又有很大的不确定性。对于转轨制国家，制度的不确定性表现尤为突出。转轨制国家政治体制和资源配置方式的变化，无论是激进式改革还是渐进式改革，按照混沌理论，制度的建立健全必然经过混沌、秩序到制度的稳定过程。制度的不确定性导致参与者行为的不确定性，参与者行为的不确定性又会导致经济系统甚至是社会系统的动荡不安。

随着经济的全球化，区域经济之间具有连动效应，参与者行为对不确定性的影响也越来越明显。1997年，亚洲金融危机的爆发就是一个例证。世界金融"大鳄"掌握着巨额资本，这些资本以游资的形式存在，以投机为目的，可以在不同市场、不同区域之间进行快速套利。而投机资本行为的结果将导致货币市场、资本市场的巨大震荡，甚至是一个国家或地区经济危机的发生。竞争对手降价销售策略意味着另一方市场份额的减少或利润的减少。为了保证市场份额不变，另一方也只能采取降价的销售策略。竞争对手的行为选择显然会对市场造成不确定的影响。参与者行为是一个相当复杂的过程，它受习惯、预期、其他主体行为等因素的影响。所谓个体理性可能导致集体行为的非理性，参与者行为的复杂性也会导致经济运行的不确定性。

第一章　公司财务环境及其不确定性

第三节　公司财务不确定性

一、不确定性

(一) 不确定性与风险

关于风险和不确定性的主流观点认为二者是性质相同、范围不同的两个概念。奈特（Knight，1921）认为风险是指决策者能够对其所面临的随机分配数学概率的情形；不确定性是不能分配概率的情形。① 这两种情形没有任何本质的区别，只是区分了二者的范围。威廉·L.麦金森（2002）将风险定义为发生损失的可能性、一项资产收益的波动性，与不确定性这一术语互换使用。② 詹姆斯·S.特里斯曼（2002）认为风险是指财产损失的可能性，不确定性是指有损失或没有损失。风险和不确定性这两个术语一直被替代使用。③

笔者认为风险是行为选择产生的实际结果与预期偏离的程度及其对行为主体机会集合影响的函数。例如博彩是一种高度不确定性的事件，有的人将它作为一种娱乐活动，投入少量的资金，即使没有中彩也从中找到了乐趣，而且没有中彩造成的损失也不会对其将来的行为选择产生任何影响。从行为主体的角度看，虽然客观不确定性很大，但是这种不确定性并不会对其将来的行为选择产生任何影响，其风险是很小的，或可以认为是没有风险的。相反，如果用于博彩的资金所占收入比例很大，那么，是否中彩以及中彩结果将

---

① Knight. Risk, Uncertainty and Profit [J]. Houghton Mifflin, 1921.
② 威廉·L.麦金森. 财务理论 [M]. 大连：东北财经大学出版社，2002.
③ 詹姆斯·S.特里斯曼，等. 风险管理与保险 [M]. 大连：东北财经大学出版社，2002.

会对行为主体将来的机会选择产生很大的影响。从行为人的角度看，就是想通过承受高风险而获得高收益，博彩就变成了高风险的投机活动。所以，从事件本身来看，只存在不确定性，无所谓风险，只有和行为主体的预期联系起来，才有风险可言。

所以，不确定性和风险是两个性质完全不同的概念，但是，并不否认不确定性是风险形成的条件，没有不确定性也就不会产生风险。

(二) 不确定性分类

按照影响不确定性的时间因素可将不确定性划分为历史不确定性、现在不确定性和未来不确定性。时间是影响不确定性的重要因素之一，其主要原因在于时间因素影响了行为主体决策信息的完全程度。历史信息资料的不足，造成了历史不确定性；即使是现在，时间跨度为零，由于信息不完全、非对称性的存在，仍然存在不确定性；由于人们预测能力和预测信息的有限性，未来更具有不确定性。

经济史学研究的对象是历史的不确定性，如不同的会计史学观、财务史学观、货币史学观等。史学家们通过对过去不确定性的研究旨在探索经济结构演化、变迁的规律。如以道格拉斯·C.诺斯（D.C.North，1981）为代表的新经济史学派借助于经济理论和历史统计资料重新解释了美国经济增长的原因，创新性地提出了制度对经济增长贡献的理论模型。① 艾尔弗雷德·D.钱德勒（Alfred D.Chandler，1962）通过对杜邦化学公司、新泽西标准石油公司（埃克森）公司和西尔斯公司等美国长盛公司的研究，总结组织结构如何适应战略目标变化的需要。② 现在不确定性是博弈论研究的主要对象，博弈论实际上是对策论，即在完全信息和不完全信息条件下，参与者之

---

① 道格拉斯·C.诺斯. 经济史中的结构与变迁 [M]. 上海：上海三联书店，2002.
② 艾尔弗雷德·D.钱德勒. 战略与结构：美国工商公司成长的若干篇章 [M]. 昆明：云南人民出版社，2002.

间的行为选择的相互影响。财务学研究更多的是现在和未来的不确定性，以及如何在不确定性条件下有效配置资本。

按照不确定性的程度可将不确定性划分为有概型不确定性和无概型不确定性。经济学家研究的不确定性事件可以分为两种类型：一种是不能重复试验的；另一种是能重复试验的。对于不能重复试验的经济结果，决策主体只能凭靠自身的知识、经验进行判断，很难完全找到经济事件的各种自然状态对应的结果及其概率，这种不确定性称为无概型不确定性。对于能够重复试验的经济事件的结果存在着一个人们公认的概率，类似于掷硬币一样，出现正面（字面）的概率是50%，出现反面（国徽）的概率是50%。有的经济事件虽然不能像掷硬币一样简单重复试验，但是从行为人多次的行为结果或历史数据中可以找出各种可能取值的概率范围。由此，行为主体可以根据先验概率和自然所处的状态判断经济事件结果出现的概率，这种经济结果存在一定概率或概率范围的不确定性称为有概型不确定性。

考特尼（Hugh Courtney，1997）将不确定性划分为前景清晰明显、有几种可能的前景、前景有一定变化范围、前景不明确四种类型。① 实质上，可将前两种情况归结到有概型不确定性，而将后两种情形归结为无概型不确定性。

按照不确定性形成的原因可将不确定性划分为主观不确定性和客观不确定性。世界的本原是物质的，但是物质的表现形式是多种多样的，人类生活在一个多姿多彩的世界里。正如"月有阴晴圆缺，人有悲欢离合"一样，经济系统具有周期性变化规律，财务状态具有波动性。这些客观存在的不依人们意志为转移的不确定性现象可称为客观不确定性。经济的运行虽然具有规律性，但是，由于经济系统运行的复杂性和行为主体认识的有限性，人们不可能准确

---

① 休·考特尼.不确定性管理［M］.北京：中国人民大学出版社，2000.

地预测经济运行的趋势与结果。因为行为主体主观预测能力造成的不确定性称为主观不确定性。

按照不确定性的来源可划分为内部不确定性和外部不确定性。所谓内部不确定性是指由经济主体的内部原因引起的经济状况、经济行为和经济结果的不确定性。所谓外部不确定性是指由经济主体的外部原因或经济主体本身与其他经济主体之间的相互关系引起的不确定性。如电力公司，市场对电力的需求、能源市场的变化、水力资源的变化、电力设备供应商的生产成本与定价策略等都会引起电力类公司的外部不确定性。而内部管理水平、技术条件、生产能力、生产成本、定价策略等又会引起电力公司的内部不确定性。内部不确定性和外部不确定性可以相互转化，外部不确定性通过作用于内部不确定性对公司财务运行系统产生影响。公司通过横向合并或纵向合并可以将外部不确定性转化为内部不确定性；通过资产剥离、分立等财务手段可将内部不确定性转化（或转移）为外部不确定性。公司就是外部不确定性与内部不确定性均衡的过程与结果。按照科斯的交易费用理论，公司是计划机制与市场机制相互替代的结果，这种替代的结果导致交易成本最低。但是，不确定性是公司存在边界的根源所在，交易费用只是不确定性程度造成的结果。从不确定性和交易费用两个角度可以给出公司边界的最优解。

二、公司财务不确定性

（一）公司财务状态不确定性

财务状态是指财务系统运行本身的状态，财务状态的分析必须置于整个经济系统、公司运行系统以及财务运行系统的前提之下。所以，本书从经济运行状态、公司运行状态和财务运行状态三个方面分析了财务状态的不确定性。

1. 经济运行状态不确定性

受周期性规律的影响，经济的运行呈现平稳性和波动性，在某一时期内，如果影响经济运行的各种因素正向、负向变化的相互作用的合力比较平稳，那么经济运行就表现出平稳的态势。反之，如果某一因素发生突变，或者大多数因素表现出同方向变化，经济运行就会呈现出较大的波动性。如1997年东南亚的金融危机、2001年美国的"9·11"事件、2003年中国的非典型肺炎（SARS）等突发性事件不仅影响了本地区的经济发展，而且影响到其他地区乃至全球经济的发展状况，特别是2003年春季突如其来的非典型肺炎对中国第二季度国民经济增长的影响是明显的，如果不是及时采取果断措施，将会带来灾难性的后果。影响经济运行的因素不仅包括自然、政治、法律等系统外部因素，而且还包括利率、物价、通货膨胀（或通货紧缩）等系统内部因素。

自然界本身是一个复杂的自适应系统，具有高度的不确定性。如地震、洪涝灾害、瘟疫等自然性突发事件时有发生，这种自然因素的不确定性必将造成经济运行状态的不确定性。如2003年"非典"（SARS）对中国经济状况的影响，以及2003年末、2004年初发生在泰国、日本、韩国和中国台湾等东亚部分国家和地区的禽流感对经济运行潜在的影响，使经济运行状态处于不确定的状态。经济基础决定上层建筑，上层建筑对经济基础又具有反作用，作为上层建筑的政治必将影响到经济运行的状态。政治局势的动荡，意味着政治体制的不稳和时局的不安，私人财产的安全性受到威胁，经济运行存在难以预测的变数。法律是经济系统正常运行的保障，法律的不稳定性必然引起经济运行状态的不确定性。市场经济是法制经济，没有法律的约束，经济的运行就会出现混乱，市场就缺乏运行的基础。在转轨制国家，政治、法律等方面都在不断地调整、改革以适应经济的发展，而且这种改革具有尝试性，这就必然增大了政治、法律等方面的不确定性因素对经济的影响。人类社会系统是由许多子系统组成的，每个子系统之间又是相互联系、相互约束的，影响其中一个子系统变化的因素可能会引起另一个子系统的剧烈变化。人类需要与自然、社会和平相处、和谐发展。经济系统作为社会系统的一个组成部分，外界因素的变化必然会导致经济系统的变化。所以，外部的不确定性因素对经济运行状态的影响会通过子系统之间相互作用的机制发挥作用，从而导致经济运行状态的不确定性。

　　经济系统包括实体经济和虚拟经济两大组成部分，经济运行的状态是由内部因素相互联系、相互作用决定的，外部因素的影响必须通过内部因素起作用。如利率是资金的价格，是调节货币市场资金供求关系的杠杆，利率的不确定性就会引起货币供应量和需求量的不确定性，从而对经济运行状态产生影响。由于受到中央银行的管理行为、货币政策、经济活动水平、投资者预期以及其他国家和地区的利率水平等多种因素的影响，利率经常处于不确定的状态。直至 2003 年，中国实行的仍然是固定汇率制度，从固定汇率制度本身来看，汇率的不确定性是很小的，但是从外界环境的变化以及维护固定汇率制度的成本来看，汇率仍然具有不确定性。例如，1997 年亚洲金融危机的发生，人民币存在贬值的压力；2003 年中国经济的高速增长，外汇储备量的上升，又带来了人民币升值的压力。为了维护人民币汇率的稳定，不仅要有配套制度的保障，而且要付出巨大的成本。当维护这种旧有制度的成本大于固定利率带来的好处时，固定汇率制度就会被其他更有效的制度代替。利率的不确定性对于公司来说，意味着融资总量、融资结构、融资成本和股利政策的不确定性，公司现金周转循环具有不确定性。利率的提高或降低，使投资者对股利的预期发生变化。但是，由于利率的变化给公司融资带来的影响效果往往与奉行的股利政策是相反的，利率提高时，股利率可能下降；利率下降时，股利率可能降低。利率、资本成本、融资政策、股利政策与现金周转循环之间的相互关联关系导致了财务风险的客观存在。同时，利率的不确定性还会给公司的投资带来不确定的影响。利率的变化会导致预期贴现率的变化。

利率上升，预期贴现率提高；利率下降，预期贴现率下降。预期贴现利率的不确定性会导致资产价格的变化。在预期未来现金流量分布一定的情况下，预期贴现率提高，资产价格下降；预期贴现率下降，资产价格上升。资产价格的变化还会导致资本利得的变化，造成财务成果的不确定性。预期贴现率的不确定性又会导致资产、负债价格的变化，特别是流动性较强的股票、债券等金融资产或负债的价格的波动。再如，物价因素对经济运行状态的影响，当物价指数持续上升时，说明经济运行在一个良性的、持续增长的状态中；当物价指数运行在一个窄幅的区域内时，说明经济运行比较平稳，或者处于经济运行的高峰或低谷状态；当物价指数处于不正常上升时，货币购买力贬值、虚拟资本严重脱离实体资本，证券市场出现泡沫，这说明经济运行处于过热状态；而当物价指数持续下跌，长时间在低位徘徊，并表现出不断下跌的态势时，社会购买力下降，商品供过于求，这说明经济运行处于低迷状态。

2. 公司运行状态不确定性

公司运行状态不仅受经济运行状态的影响，而且受公司内部因素的影响。引起公司运行状态不确定性的因素包括生产、技术、管理、资金、信用等。这些内部因素决定了公司生产产品的市场地位和市场份额，以及产品或服务的获利能力。如信用是商品经济发展到一定阶段的产物，并成为现代经济的一个显著特征。据国家统计局2003年发布的数据显示，中国因为信用造成的损失每年达到6000亿元。信用是一种无形资产，是能够给公司带来未来经济利益的重要财务资源。良好的信用可以给公司带来收益，不守信用必然造成财务资源的枯竭，公司存续能力的下降，甚至破产倒闭。市场经济是信用经济，信用是经济发展过程中参与主体之间不约而同形成的、共同遵守的商业道德规范。但是，由于约束市场主体的因素很多，其中一个因素的变化可能会引起公司丧失诚信。所以，诚信与失信是相对的，可以转变的，这种转变对公司的运行状态是有影响的。如安然公司利用特殊目的主体会计处理的制度缺陷,隐藏负债,虚列收入,以欺诈的手段欺骗股东,最后导致了股票价格的大幅下跌,直至清盘破产。与之相联系的安达信会计公司也被怀疑与安然公司合谋欺骗市场而被迫关闭。所以,信用可以改变一个公司的运行状态。同样,生产、技术、管理、资金等因素的不确定性会引起公司运行状态的不确定性。生产产品质量优劣、技术的领先与落后、管理的有效与无效、资金链的闭合与断开等两种不同状态的发生,都有可能导致公司运行于不同的状态。公司运行状态的识别可以通过公司景气指数进行综合判断,公司景气指数分为综合公司景气指数、行业公司景气指数和个别公司景气指数,综合公司景气指数和行业公司景气指数可以反映处于某个国家或地区、行业的所有样本公司的整体运行状况,个别公司景气指数则可以反映单个公司的运行状态。

3. 财务运行状态不确定性

受经济运行状态和公司运行状态的影响,财务运行状态也存在不确定性。当经济运行状态和公司运行状态良好时,公司财务往往表现出盈利水平稳定、资金周转速度加快、现金周转平衡等特点。而当经济运行状态和公司运行状态不好时,公司财务往往表现出盈利能力下降、经营杠杆系数增大、资金周转速度变慢、现金周转出现不平衡的特点。另外,由于经济运行状态的周期性特征和公司的生命周期特征,在不同经济运行状态下,公司不同的生命周期阶段的财务运行状态呈现出周期性特征。

(二) 公司财务行为不确定性

1. 公司筹资行为不确定性

从经济运行的状态来看,在经济运行于复苏和扩张时期,公司的盈利水平不断提高,市场上资金充沛,公司筹资比较容易,公司筹资周期表较短,股本扩张能力较强,公司往往奉行积极的资本结构政策。在经济运行的平稳期,公司的盈利水平比较稳定,公司资金较为充裕，需要调整资本结构政策，降低资产负债率，使公司保持可持续增长比率协调发展。在经济运行状态处于收缩和萧条时期，市场上资金供应量减少，融资难度加大，资金成本高。此时，公司的发展主要靠内部积累，要求公司不断降低产品成本，调整产品结构，创造盈利增长点。

从公司的运行状态来看，在初创时期，产品的市场占有率较小，盈利能力较低，可持续盈利能力受到怀疑，公司经营风险和财务风险较大。为了降低财务风险和分散股东投资风险，公司的资产负债率往往较低，以股权融资为主要方式。在成长期，公司的市场占有率不断提高，盈利能力增强，公司往往奉行积极的财务政策，提高资产负债率，提高外部融资比例。在成熟期，公司产品市场饱和，盈利能力稳定，公司往往采取可持续发展的融资策略。在衰败期，公司产品的市场份额不断减小，盈利能力下降，公司往往需要通过资产变现，以提高流动资产比率的方式维持公司的生存，寻求时机，再图发展。在公司发展的低谷，是公司最困难的时期，资金十分紧张，现金流转随时都可能出现断裂，公司需要以担保或抵押的方式向银行贷款，或者是破产、被兼并以保全部分资本。

2. 公司投资行为不确定性

从经济运行的状态来看，在经济的复苏和扩张时期，物价指数上涨，社会平均利润率提高，公司获利能力增强，社会消费愿望增强，公司资金需求旺盛，投资规模增长比率提高，公司投资行为积极。在经济运行的高涨阶段，商品供应与需求处于平衡状态，物价处于相对高位，公司的投资能力达到高点，先知先觉的公司开始调整经营规模和产品结构，投资行为由积极向稳健转变，证券市场往往表现为证券价格、交易量的巨大波动。在经济收缩和萧条时期，公司经营风险加大，公司投资意愿减弱，社会投资能力下降，投资行为表现出保守的特征。在经济低迷时期，社会消费水平较低，社会平均利润率较低，社会固定资产投资规模增长率较低。资本市场上，证券价格下跌，财富效应不足，资金面吃紧，公司直接融资的难度加大，公司投资行为谨慎，投资规模增长率降低。

从公司的运行状态来看，在公司的初创时期，公司的投资项目具有高风险和高报酬的特征，资本的提供者主要是创业者，资本量小，公司投资规模不大。在公司的成长时期，公司的产品有了一定的市场基础，公司盈利能力增强，公司会追加投资，扩大投资规模，提高公司的市场地位。在成熟时期，公司的盈利能力比较稳定，公司的目标是如何保持现有的盈利能力，所以，公司往往会不断调整投资结构，优化资产组合。在衰退时期，公司的盈利能力下降，财务状况不断恶化，公司会选择收缩投资边界，变现资产，维持公司生存必需的现金流量。

3. 公司收益分配行为不确定性

从财务运行的状态来看，决定公司股利分配行为的根本性因素是公司的盈利能力和现金流转状况。而公司盈利能力和现金流的变化与经济周期、公司生命周期又是相关联的。在公司盈利能力较低、现金流不稳的时期，公司往往采取不分配的政策。在盈利能力增强、现金流较为稳定的时期，公司往往采取派现或送红股的股利分配形式。在盈利能力稳定、现金流转状况稳定的时期，公司往往采取派现的股利分配形式。在盈利能力下降、现金流不稳定的情况下，公司往往采取不分配或少分红的股利分配形式。

基本结论：不确定性是存在于主观和客观的不同状态，财务主体必须根据不确定性状态公司选择适应性财务行为，才能实现预期收益的目标。

（三）公司财务收益不确定性

1. 公司现金流量不确定性

现金流量包括现金流入量、现金流出量和现金净流量。现金流入量和公司销售量、销售价格、投资收益、筹资能力等因素有关。而销售量、销售价格受市场供需关系变化的影响具有不确定性；投资收益受宏观经济因素变化、行业经济周期、投资项目等因素的影响具有不确定性;筹资能力与公司的财务状况、获利能力、财务政策、资本市场货币供需关系等因素有关,受其影响也表现出不确定性。所以,公司现金流入量表现出不确定性,实际现金流入量往往和预算现金流入量发生巨大偏差。现金流出量受存货成本、投资成本、筹资费用、筹资成本等因素的影响,也表现出不确定性。存货成本的变化与原材料价格、税收水平、运输单价、仓储费用等因素有关,而这些因素又受到市场供需、宏观政策的影响而具有不确定性;投资成本受宏观经济因素、政府管制、税收、投资环境等各种因素的影响而具有不确定性;筹资费用和筹资成本受公司筹资方式、筹资政策等因素的影响具有不确定性。所以,现金流出量具有不确定性。现金流入量和现金流出量的不确定性决定了现金净流量的不确定性。

2. 公司资金成本不确定性

资金成本受资金市场利率、机会成本等因素的影响而表现出不确定性。当资金市场利率上升时,公司的机会成本提高,资金成本上升;当资金市场利率下降时,公司的机会成本下降,资金成本下降。另外,资金成本受财务管理主体理财能力的影响而不同,对于管理不确定性能力强的公司来说,可以将机会成本控制在可接受的范围内,资金成本相对比较稳定;对于管理不确定性能力差的公司来说,意味着机会成本的增大,资金成本很高。不同的理财者对未来的预期不同,所能接受的资金成本大小也不同,对未来具有较高的投资回报预期的投资者来说,可以接受的资金成本就高;对未来具有较低投资回报的投资者来说,可以接受的资金成本就低。所以,资金成本受市场利率、机会成本、理财能力、个体预期的影响而表现出不确定性。

3. 公司价值不确定性

根据公司价值评估的现值贴现模型,公司的价值是由预期现金

公司动态财务理论

流量和投资者所要求的期望报酬率两个基本因素确定的。由于预期受投资者的资本禀赋、信息、判断能力、风险偏好等因素的影响，不同的投资者对公司未来创造的现金流量的预期结果不同；随着财务机会的变化与选择的不同，投资者的预期报酬率也不断调整。因此，公司的价值受投资者预期和报酬要求不同的影响而具有不确定性。也正是因为如此，证券市场上才会产生买卖行为，才会具有价值发现的功能。

第二章 公司动态财务能力

在经济全球化、信息化的背景下，公司所处财务环境具有高度不确定性，各种风险因素的交互作用使得公司生存环境呈现出复杂与多变的特点。评估与规避不确定环境中的不利因素、识别与把握其中蕴涵的机会、及时有效调配财务资源是公司保持或提升竞争优势、持续创造价值的关键。问题是公司凭靠什么才能在复杂多变的环境中生存与发展呢？公司需要什么样的能力或优势？为了回答这些问题，资源基础观（Resource-Based View）（Wernerfelt，1984；Barney，1991）研究认为公司的持续竞争优势来自公司专属性资源，但是公司资源的静态性和刚性使得该理论无法解释为什么有些公司能够在快速变化、不可预测的环境中继续保持竞争优势，而有些原本成功的公司却衰败了。如雷曼兄弟公司，具有158年的历史，却在2008年的金融危机中猝然破产。Teece、Pisano和Shuen（1997）提出了动态能力（Dynamic Capabilities）观，认为动态能力是公司整合、构建和重组内外部资源以适应快速变化环境的能力，其中，"动态"指的是与环境变化保持一致而更新公司的能力，"能力"强调的是整合与配置内部资源和外部资源的能力。动态能力理论从动态的角度回答了公司只有不断更新原本优势或培育新的优势才能够适应不断变化的环境。随后，其他学者又从国际化、创业、技术创新、知识等角度对公司动态能力的内涵、构成进行了研究。从财务的角度直接研究动态能力的文献尚未见到，但是有的学者对财务柔性进行了研究，如姜英冰（2002）认为公司应保持财务灵活性或柔性（Financial Flexibility），保持一定的闲置资金和剩余负债能力，以应对可能发生或无法预见的紧急情况。赵华和张鼎祖（2010）对财务柔性的本原属性进行了研究，认为公司财务柔性是公司系统的一种适应财务环境的动态变化和系统的不确定性、有效管理财务风险的财务综合调控能力。吴树畅（2005）提出了公司财务（Contingency Finance）或称权变财务观，认为在财务状态评判与财务机会识别的条件下，公司通过调整财务政策、财务行为、公司治理、组织结构、财权配置以达到与环境不确定性的动态协调。动态能力与财务柔性、权变财务是何关系？动态能力在财务方面有何表现？有必要在理论上予以阐释和检验。本书在区分财务柔性、权变财务和动态财务能力的基础之上，构建了动态财务能力分析框架，并以"中联重科"为例进行了应用研究。

第一节 财务柔性、权变财务与动态财务能力

一、财务柔性（Financial Flexibility）

柔性是处理"变化"和"不确定性"环境的能力，是公司在不确定性环境中保持竞争优势的一种能力体现。它是公司在成长过程中，为了适应不确定环境而逐渐积淀形成的，表现在公司治理、组织结构、技术、产品、财务和文化等方面。如公司治理结构、组织结构随时间和环境变化而演化；新技术或新产品的开发；资本结构的灵活性；公司文化的开放性、包容性等。关于财务柔性的研究，邓明然（2004）认为："公司的理财柔性是快速而经济地处理理财活动中环境变化或由环境变化引起的时时、处处不确定性的能力。这种能力由缓冲能力、适应能力和创新能力组成。"赵华和张鼎祖

(2010) 认为财务系统柔性是系统在财务行为活动的决策中,为了主动适应财务动态环境变化和有效处理系统的不确定性,利用各种财务资源快速而经济处理相关财务事项,规范财务行为,协调财务关系,适应财务环境而实现财务目标的一种系统内在的综合能力。具体包括财务缓冲能力、财务适应能力、财务协调能力、财务创新能力。这两种观点都认为财务柔性是应对不确定环境的能力,不过,后者又提出了财务协调能力。财务柔性观对公司如何保持柔性以及应具备何种财务能力进行了阐释,但是,并未说明何时、何种状态、何种能力更适合、更有效。如财务缓冲能力要求公司筹资时奉行保守的资本结构政策,但是,保守的资本结构意味着机会成本不变,公司应权衡利弊,根据不同的财务状态做出适应性的资本结构安排。

二、权变财务(Contingency Finance)

现代财务理论体系是建立在一系列完美假设基础上,逻辑推演虽然无懈可击,但是,对现实的解释却是苍白的,公司面对的是高度竞争的商业市场和瞬息万变的金融市场,经典财务理论与现实世界是脱节的。因此,吴树畅(2005)以不确定的环境作为财务研究的前置条件,提出了"Contingency Finance"("公司财务"或"权变财务")的概念及分析框架,试图将复杂多变的财务环境模型化为财务状态,通过对所处财务状态的评判,公司可以判断所处的位势(Position)及可能面临的风险与机会,并据此调整财务战略与政策、选择财务行为、重构公司治理结构、组织结构和财权配置结构,以实现利益相关者的财务目标。权变财务与财务柔性相比,具有相似之处,但是,权变财务将财务状态评判和机会识别作为财务战略和政策调整、行为选择和财务治理的前提,弥补了财务柔性的不足,可操作性更强。但是,权变财务和财务柔性的共同缺陷是无法克服资源专用性和能力刚性对柔性能力和权变能力的限制。

三、动态财务能力（Dynamic Financial Capacity）

动态能力是对资源基础观、核心竞争能力理论的推进和发展，它是改变能力的能力，该理论弥补了资源或能力刚性对公司动态适应环境解释的不足。财务作为一种综合性最强的价值管理活动，为了适应环境的不确定性，表现出一定的柔性和权变性，那么，使公司财务"变柔"或"权变"的能力则可称为动态财务能力，它是驱动公司财务管理能力改进、提升以适应不确定财务管理环境的能力，是公司权变财务管理的本源性能力，也是公司保持财务柔性的能力。Teece等最初（1994）认为动态能力包括过程（Processes）、位势（Positions）与路径（Paths）三个方面，之后（1997）又将动态能力划分为机会感知能力和机会把握能力，最后（2007）提出了相对完善而具体的分析框架，认为动态能力包括机会感知、机会把握、战略重构三个维度。从财务的角度看，财务环境具有状态依存性（State-contingent），公司需要在及时正确评判财务状态、识别财务机会的基础上，科学配置财务资源，以实现风险收益的均衡和财务目标。因此，公司应具备动态财务能力以适应环境的变化。

财务柔性、权变财务与动态财务能力都是公司管理不确定性时所表现出来的财务能力，财务柔性观解释了公司面对不确定性时为什么要具备柔性，应具备哪些柔性，但是，没有说明公司如何才能够具备柔性。权变财务虽然在一定程度上弥补了财务柔性观的缺陷，但是，仍然不能完全克服公司财务能力刚性对不确定环境权变的束缚。动态财务能力揭示了公司柔性或权变的动力源，能够更好地解释现实，但是，动态财务能力包括哪些内容，其结构如何？这是战略财务领域值得研究的新命题。

第二节 公司动态财务能力构建

一、公司动态财务能力框架

公司财务环境包括外部环境和内部环境，内外环境不确定性因素的交互作用的结果表现为财务状态。根据 Teece 的观点，动态能力包括机会感知、机会把握和战略重构三个维度，其中，机会感知和机会把握是建立在对财务状态评判的基础之上的，财务状态评判需要不断获得新的知识和信息，并根据经验和评估工具模型对公司的财务状态进行正确的评估和判断。因此，动态财务能力的第一层次包括财务状态评判和财务机会创造与识别。财务状态评判是财务机会创造与识别的基础，通过对公司财务状态所处趋势阶段的判断，对公司所面临的风险和机会进行评估，从而识别其中蕴涵的机会。此外，公司还可以通过对市场均衡状态、规则变动、技术创新或产品创新等方面的判断识别财务机会。

动态财务能力的第二层次包括财务战略与财务政策调整，治理结构、组织结构与财权配置调整，财务资源整合三个方面。在财务状态评判和财务机会创造与识别的基础上，公司可以做出公司治理结构、组织结构和财权配置结构调整、公司战略与政策调整和内外财务资源整合的决策，从而使公司顺应财务状态的变化，把握可能存在的财务机会，创造价值，以实现财务战略目标。因此，动态财务能力第一层次能力是第二层次能力的基础，二者共同构成了动态财务能力框架（见图2-1）。

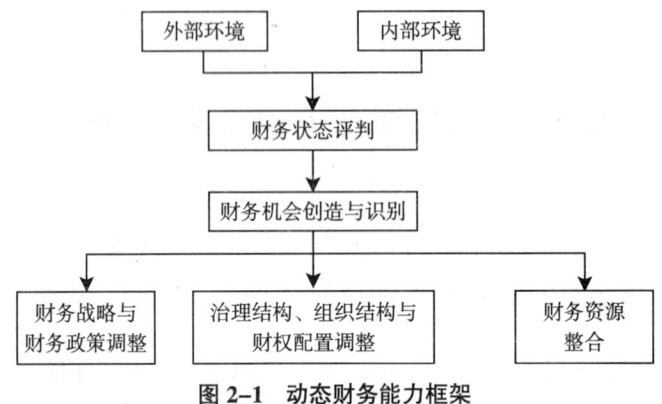

图 2-1 动态财务能力框架

二、公司动态财务能力内容

1. 财务状态评判

财务状态是指在内外不确定性因素的影响下，公司财务系统的运行轨迹及其所处位势（Position）。由于不确定性因素的影响，财务状态波动具有依存性特征，通过对财务状态变化过程的跟踪和观察，可以掌握财务状态的波动规律，并对其所处波峰或波谷、上行或下行、波动周期和频率等方面进行评判。从宏观角度看，财务状态表现为经济周期、行业周期、经济政策或规则、市场结构和竞争状况等公司外部不确定因素综合作用的财务结果；从微观角度看，财务状态表现为土地、人力、技术、产品、资金、价格、成本、收益、税负、制度等公司内部不确定因素综合作用的财务结果；从综合角度看，财务状态表现为公司内部和外部不确定因素综合作用的财务结果。财务状态可以用财务指数及其他经济指数如价格指数、各种金融指数衡量。财务状态运行区域可以用蓝色、黄色和红色分别代表安全、预警和危险状态。如雷曼兄弟公司破产时华尔街金融危机爆发，而该公司的资产负债率达到97%以上，财务状态处于红色区域，必须通过吸收外部资本改善资金状况才能渡过危机，但是，由于要价太高而失去重组再生的机会；三九集团经过近十年的规模扩张，公司财务状态已经发生了根本性变化，但是，财务治理结构仍然沿袭创业阶段集权式治理模式，最终导致决策失误、盲目投资、资金链断裂，财务状态处于红色区域，最终被华润集团重组得以复生。因此，财务状态评判是公司资源配置和结构调整的基础，是公司动态财务能力的重要表现。

2. 财务机会创造与识别

机会意味着收益或成本，正确识别机会、把握机会，机会将创造价值，否则，错失机会将导致机会成本。从创业的角度看，机会是公司通过对资源的创造性组合以满足市场需求，同时又能为自身带来超额利润的可能集。从竞争的角度看，一个行业内部的竞争状态取决于新进入者的竞争力、替代品的威胁、现有公司间的争夺以及买卖双方讨价还价的能力，竞争状态的变化为不同市场竞争主体带来机会或威胁。从财务的角度看，机会意味着各种获利的可能性，这些机会将为资源配置提供新选择。机会是客观存在的，但是由于公司创造、识别机会的能力有差异，机会对于每个公司来说又是不均等的。机会创造、识别能力强的公司能够及时把握机会，并创造新价值，竞争优势会不断得到强化；机会创造、识别能力弱的公司将失去机会，并逐渐失去竞争优势。机会创造、识别能力的强弱取决于公司的创新能力以及企业家的警觉、先验知识、信念、认知模式、价值取向以及创造性思维等不同因素。财务机会与资源配置、公司价值是密切相关的，只有拥有财务机会，公司才有可能获得新的资源、重新配置资源，公司才具有净现值增长机会（Npvgo），公司价值才有可能提高。因此，财务机会创造与识别能力对公司的投资、融资、股利分配、公司价值等都有驱动影响，具有动态能力的特征。

3. 公司治理、组织结构与财权配置重构

由于财务状态的依存性和财务机会的时效性，为了适应财务状态、把握财务机会，公司往往需要重构公司治理结构、组织结构，重新配置财权结构，并借此引进新的资源或能力，以使公司治理结构、组织结构、财权配置结构与财务状态、财务机会保持动态一致。从公司的生命周期来看，公司的财务状态包括初创期、成长期、成熟期和衰退期四个阶段。由于业务结构和规模不同，公司所需要的资源或能力不同，各个阶段的股权结构及公司财务治理结构也不同，在各个成长阶段的转折点，公司应相应重构财务治理结构，正确处理所有者与经营者、原股东与新股东之间的关系，以适应新的财务状态。如为了获得资金或管理能力的支持，引进新的股东进入董事会；随着公司层级结构的复杂化和业务规模的增长，财务集权逐渐向分权演化。从投融资时机来看，公司需要按照法律或规制要求，重构公司治理结构、组织结构与财权配置结构，以满足公司投融资的条件限制或要求。为了保护投资人的利益，各国或地区的法律法规对公司治理结构的限制或要求是不同的，公司要想进入该国或地区的资本市场，公司治理结构必须符合法律条件。从破产重整的角度看，债务重整、资产重组、股权重组等业务也要求公司首先要对公司治理结构进行重构。公司治理重构影响公司资源的获得与配置以及公司价值的提升，不同的公司治理结构决定了公司不同的动态财务能力。

4. 财务战略与财务政策调整

财务战略与财务政策是衔接财务状态与财务行为的中间环节，也是集团公司对分公司或子公司财务行为进行调控的重要工具。财务战略与财务政策的选择是一个动态的过程，财务战略与财务政策要和财务状态、财务机会相适应，财务状态发生趋势性或阶段性变化或潜在财务机会发生了变化，财务战略与财务政策也应相应调整。同时，财务政策还要服从财务战略，财务战略发生了变化，财务政策也应相应调整。根据风险偏好的不同，财务政策可以划分为保守型、稳健型和冒险型三种基本类型，公司可以根据财务状态的依存性和财务机会的时效性选择适应性的财务政策类型。财务政策的调整是建立在财务状态评判和财务机会识别基础上的，只有正确评判财务状态、识别潜在的财务机会，才有可能做出正确的财务政策选择。财务政策调整会涉及公司不同利益相关者的利益，不同利益主体相互博弈、共同决策的过程与结果体现了公司财务政策选择的能力，这种能力不仅取决于公司的财务治理结构，而且取决于决策者的经验、知识和信息的获取、意会能力。财务政策对财务行为具有指导作用，财务行为的选择结果决定了公司价值的大小。因此，财务战略与政策对财务行为和公司价值具有驱动作用（见图2-2）。

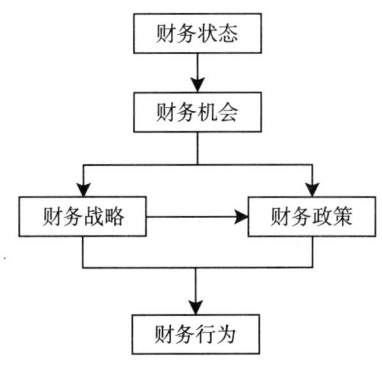

图2-2 财务战略与政策调整

5. 财务资源整合

财务资源整合是指公司利用财务手段对公司拥有或支配的财务资源进行规模和结构的调整，以适应公司所处的财务状态、把握潜在的财务机会，主要表现为资产组合、资本结构、现金流、收益结构的设计与优化等。通过内部财务资源结构的调整以实现内部财务资源的优化配置；通过吸收股权、负债等形式扩大财务资源规模；通过收购或兼并等方式扩大财务边界，并通过内外财务资源规模和结构的调整，以实现公司价值的增长。财务资源整合有利于财务资源配置状况与财务状态的匹配、把握潜在的财务机会。财务资源整合能力的强弱依赖于公司对财务状态的评判、财务机会的识别以及现有竞争能力等多种因素，它是公司动态财务能力的重要体现。财务资源整合能力决定了公司对各种财务机会的把握程度，如当市场出现良好并购机会时，财务资源整合能力强的公司会优先抢占先机，财务资源整合弱的公司将丧失并购机会。从周期性因素来看，财务资源整合能力是公司适应不同周期阶段、可持续生存与发展的重要动态能力。

第三节　公司动态财务能力分析：
　　　　以"中联重科"为例

一、公司背景

长沙中联重工科技发展股份有限公司（以下简称中联重科）是由建设部长沙建设机械研究院、长沙高新技术产业开发区中标实业有限公司、北京中利四达科技开发有限公司、北京瑞新建技术开发有限公司、广州黄埔中联建设机械产业有限公司、广州市天河区新怡通机械设备有限公司作为发起人，于1999年8月发起设立的股份有限公司。2000年9月，公司经中国证监会批准向社会公开发行人民币普通股股票。公司主要经营工程机械、环卫机械、汽车起重机及其专用底盘、其他机械设备的开发、生产与销售业务。自成立以来，公司已从单一的混凝土输送泵产品发展到全系列混凝土机械、工程起重机械、城市环卫机械、建筑起重机械、路面施工养护机械、基础施工机械、专用车辆、土石方机械等十三大系列430多个品种，成为全球工程机械行业产品系列最全的公司。其中，中大型塔式起重机和环卫机械市场占有率分别居全国第1位，工程起重机市场占有率居全国第2位。2008年6月，公司收购了意大利工程机械巨头 CIFA 公司；2010 年 12 月 23 日，经香港联交所核准，公司向国际投资者发售 H 股，实现了由本土公司向国际跨国公司的转变。

1999~2009 年，中联重科经受了世界网络经济破灭、国际金融危机引发的经济下行风险的考验，取得了辉煌的经营业绩，为投资者带来了丰厚的回报。资产总额已由 2000 年 2 月底的 9.50 亿元增长至 2009 年 12 月 31 日的 340.06 亿元，营业收入由 2000 年全年的 2.45 亿元增长至 2009 年的 207.62 亿元，净利润由 2000 年全年的 0.53 亿元增长至 2009 年的 23.72 亿元。累计向投资者分配现金红利 10.4906 亿元，股票红利 8.0445 亿元，不仅如此，公司的股本也由上市时的 1.5 亿股扩张到 19.71 亿股，增长了 13.14 倍。工程机械属于周期性很强的行业，公司业绩对经济周期比较敏感。在此期间，世界经济有起有落，中国经济虽然整体保持了较快增长，但是不可避免地遭受了世界经济的影响。在此背景下，中联重科却能够趋利避害、瞄准时机，成功实施了国际化发展战略，不断发展壮大，实现了环境、行为与价值的动态协调。

二、公司动态财务能力分析

1. 正确评判财务状态，创造、识别并把握财务机会

抓住市场时机，研究院转型公司。中联重科的前身是长沙建设机械研究院（以下简称建机院），建机院是国内主要从事建设机械科研开发和行业技术的归口院所。计划经济时代的科技与市场"两张皮"，使得建机院逐步陷入"抱着金饭碗没饭吃"的困境，只能依赖国家每年 400 多万元的拨款艰难维持运转。同行业厂家因为缺乏强大的科研支撑，在竞争中处于劣势，国外品牌则乘势抢占中国市场。在这种状态下，中联重科创始人詹纯新提出了"科技产业化、产业科技化"的理念，即把科技成果转化为生产力以产生社会经济效益；用高新技术提升传统的工业产业，推进行业技术进步，

最终达到全行业的科技化、集约化发展。正是基于这种认识，1992年，建机院注册成立了长沙中联重工科技发展有限公司，1995年，成立仅三年时间的中联重科年产值突破1亿元，实现利税3500万元，科技产业化效果显著，1999年经过股份制改组成立了长沙中联重工科技发展股份有限公司。从研究院到公司的蜕变，体现了中联重科创始人审时度势、正确研判财务状态、把握市场商机和潜在投资机会的能力，正是这种能力缔造了中国工程机械行业的龙头。

持续创新能力不断创造新的投资机会。创新是公司动态能力的重要表现，是公司持续改善、优化技术、产品、制度等的原动力。作为具有国家科研院所背景的公司，中联重科始终注重技术的原始性创新、集成创新和引进消化吸收基础上的再创新，相继研发了一大批我国施工领域急需而又领先世界水平的具有自主知识产权的工程专用装备。在产品开发上，中联重科把提升产品的智能化水平和人机工程水平作为研发方向，使产品更加人性化，而且注重提高产品对环境的友好度，在提高生产效率的同时做到保护环境、节约资源、降低能耗，使产品更富生命力，追求人与自然的终极和谐。同时，中联重科以产品信息化为突破口，提升产品的技术含量和市场竞争力。中联重科生产的各类主导产品，均采用了许多高技术含量的信息自动化控制技术，从而提升了传统产品的技术含量，提升产业竞争力。完成了多项重量级新品开发，多个产品创下中国第一或世界第一：成功研制出全球最长臂架的三桥底盘泵车、全球最长的四桥六节臂泵车、国内最大的塔式起重机、国内最大的越野轮胎起重机等。为满足建设低碳城市的需求，还率先研发了18款以新能源为动力的城市节能环卫装备。2009年，公司共完成168个新产品的开发，平均每1.5个工作日就有一个新产品问世。公司已经成为工程机械行业唯一的集国家级技术中心、国家重点试验室、国家级工程技术研究中心三个国家级创新平台于一体的创新型公司，掌握了工程机械大型结构件轻量化技术、新能源动力控制技术、起重力矩精确控制技术等一批核心技术。

技术创新促进新产品开发,新产品开发为公司提供了源源不断的新的投资机会,新的投资机会又不断为公司创造新的利润,不断提升公司价值。

此外,中联重科的创新能力还表现在营销方面。工程机械产品价格比较高,购买方经常因为资金紧张而无力购买。对此,中联重科借鉴国外融资租赁在产品销售中的经验,分别在中国香港成立了中联重科(香港)控股有限公司及其全资子公司:中联重科租赁(香港)有限公司、中联重科融资租赁(中国)有限公司。在国内外搭建了多层次业务平台,把传统单一的销售模式加入了融资租赁业务,通过其建设的融资租赁全球服务体系延伸了销售服务内涵,把传统的技术解决方案演变为综合解决方案。融资租赁业务的开展不仅拓展了公司的业务范围,而且大大促进了产品的销售,创造了新的盈利机会。

准确研判经济周期、识别并把握投融资时机。2000 年,中联重科以"高浓多相混合料输送成套设备"项目上市融资,通过深圳证券市场向社会公开发行人民币普通股股票 5000 万股,每股发行价 12.74 元,筹集资金 6.3 亿元人民币。此后,受网络经济泡沫破灭的影响,实体经济和资本市场都不同程度地受到了影响,而中联重科选择适时融资,及时对技术进行改造,既提高了产品质量,又提高了生产能力。经过 2008 年的国际金融危机,世界经济从 2010 年开始复苏。中联重科瞄准时机在金融危机期间收购了意大利机械工程行业巨头 CIFA、国内土方机械龙头公司黄工机械。2010 年还抓住融资时机,通过深交所定向增发股票,募集资金 55.71 亿元人民币,通过香港联交所向全球发售 H 股股票,募集资金近 150 亿港元。定向增发股票募集主要是为了抓住经济复苏所带来的投资机会,所投项目既有优势产品起重机、混凝土机械的升级,也有新增产品地下施工设备、挖掘机项目的开发。募投项目达产后营业收入将达178亿元，净利润达23.3亿元，销售净利将达13%。其中，大吨位起重机产业化项目总投资达8亿元，达产后可实现收入50.33亿元，净利润7.57亿元，内部收益率（税后）为52.03%。而中大型挖掘机产业升级项目总投资6亿元，建设期仅2年，项目达产后可实现收入37.78亿元，净利润2.66亿元。特别是社会应急救援系统关键装备产业化项目总投资5.5亿元，投产的应急救援设备包括消防车、云梯、城市救障车、高空作业平台等大火、地震灾难时需要的装备，市场需求很大，世界排名第二的工程机械制造商特雷克斯仅此业务每年就有20多亿美元的收入。发行H股股票募集资金主要是为了满足公司推进国际化发展战略的需要，打开国际融资窗口，拓展新的融资渠道。所募资金主要用于建设和完善公司的境内外营销网络及服务体系和支持体系；进行产业升级和核心零部件配套能力建设；建设公司研发能力及开展新技术研究，建设公司的数字化服务和供应链协同管理平台。此外，2010年发行股票募集资金还为改善公司的财务状态，使资产负债率由2009年9月30日的76.32%降到安全区域。

2. 公司治理、组织结构及财权配置与财务状态保持动态协调

环境、战略与结构是一个动态协调的关系，环境变了，公司的战略和结构也应随之调整。中联重科从研究院蜕变为一家公司，进而发展为一家上市公司；从一家A股上市公司发展为"A+H"股上市公司；从本土公司发展为跨国公司仅花费了十年多的时间。公司的快速、高质量发展与其治理结构和组织结构的适时调整有很大关系。上市之初，公司是一家国有控股上市公司，具有中国上市公司"一股独大"的特征。为了优化公司治理结构，2006年5月，公司引入了弘毅投资作为战略投资人，一定程度改善了公司的治理结构。2008年12月31日，公司第一大股东长沙建设机械研究院有限责任公司（原建机院）清算注销，原建机院持有63671.1894万股股份依法变更为：湖南省国资委持有38011.7万股，占总股本

的24.99%；长沙合盛科技投资有限公司持有11486.2826万股，占总股本的7.55%；长沙一方科技投资有限公司持有7615.0743万股，占总股本的5.01%；智真国际有限公司持有5093.6952万股，占总股本的3.35%；湖南省土地资本经营有限公司持有1464.4373万股，占总股本的0.96%。形成了多元持股、相对控股的公司治理结构。2010年，公司通过发行H股引进了新加坡政府投资公司（GIC）、索罗斯香港基金公司等国际战略投资者，公司治理结构得到进一步优化，对公司实现国际化发展战略提供了支撑。

随着公司产品的多元化和机构区域分布的增加，公司将原来的集权的职能式组织结构（U形结构）调整为以产品或地区划分的事业部组织结构（M形结构）。2005年后，公司主营业务以每年近70%的复合增长率高速增长，公司业务发展到13大系列产品。每个业务单元是成本中心，整体是利润中心，这样一个全系列产品架构，对内各环节的成本分配经常难以厘清，对外合作时不易顺利对接。因此，公司必须对其组织架构和内部管理进行科学调整，以适应复杂多变的外部环境，增强公司市场响应能力，强化原有竞争优势；同时提高管理团队的执行力，降低运行成本，改善管理效率。根据"钱氏模型"，战略决定结构，结构顺应战略（Alfred D.Chandler Jr.，1962）。2006年，公司全面推行了以产品及相关系列产品组团、集中决策、专业化经营的事业部制运行模式，并形成了新的组织架构和管理体系。在保持公司整体可控性和事业部相对独立性的前提下，释放各利润中心的最大潜力，实现公司整体提升，2008年，公司又启动了业务流程再造工程。围绕分层管理、信任管理的理念，对公司组织机构进行了优化，直属部门由原来的21个调整为16个，进一步完善了事业部管理模式，构建科学合理、操作性强的制度体系，形成了公司基本宪章、公司基本制度和各事业部操作细则三个层次的制度体系，达到了管理流程高效有序，组织体系讲求效率、协作与和谐。

治理结构、组织结构演变的同时，公司财权配置也得到了进一步优化。在产品单一、业务规模较小、股权集中的经营环境下，公司采用了集权式财权配置模式，但是，随着产品及其地区分布的多元化，公司管理幅度不断加大，集权式财务治理模式逐渐暴露弊端。公司在推进事业部式的组织结构的同时，不断调整财权配置结构。为了适应新的组织结构，中联重科实施了"四强一弱"的动态管理模式，即强化总部管理团队、内控体系、战略规划体系、投融资体系和弱化总部营运职能，强化事业部的相对独立性及利润中心的定位，实现责权对等，建立起收放自如、执行高效的运行模式。

3. 财务资源整合能力

2000年上市之后，中联重科奉行的是以"专业化、股份化、国际化"为方向的"裂变—聚变"战略。"裂变"，一是指自身的裂变，形成多个专业化的事业部；二是指通过并购完善裂变，围绕主业，使产品门类齐全。"聚变"是指国内事业部与国外同专业的公司聚合，形成跨国事业部；实现聚变式发展，以达到"借船出海，里应外合"的战略目标。实现此目标，需要公司具有超强的财务资源整合能力，不仅要充分有效使用自身的财务资源，而且要能够借助外部财务资源达成各种并购，并且能够有效整合内外资源，使之发挥协同效应，创造价值。

2003年8月，一个宗旨在改变中国工程机械行业格局的重大重组并购在湖南长沙正式签约，中联重科由此将国内工程起重机械龙头公司浦沅集团的主要经营性资产收于旗下。2003年12月，完成对湖南机床厂资产的收购，有效缓解中联重科的生产压力，迅速扩大其生产规模。2007年3月，公司仅出资4亿多元，采取一揽子收购模式，把一直在上市公司体外循环的土地、设备、建筑物、长沙市商业银行股权和中旺实业、中宸钢品制造工程、特力液压经营性资产、常德武陵结构厂、浦沅工程机械总厂上海分厂、浦沅集团专用车辆分公司等经营性资产纳入麾下，实现集团整体上市。

2008年3月，中联重科重组并购陕西新黄工，标志着公司正式进军土方机械产品领域。2008年4月，中联重科将湖南汽车车桥厂改制重组为公司控股子公司。2008年6月，中联重科携手弘毅投资、高盛公司和曼达林基金，以1.63亿欧元收购世界三大混凝土机械制造商之一的意大利CIFA 100%股权。不仅解决了中国的工程机械产品很难进入欧美市场的门槛问题，而且规避了贸易壁垒所带来的阻隔。此外，还可以运用欧美公司多年建立的信用体系赢得市场的广泛信任。

中联重科以技术、资金和科学管理机制作坚强后盾，使得重组效应非常明显。重组亏损的浦沅集团后的第一年，销售收入就达18亿元，与上年同比增长了100%；实现利润1.9亿元，同比增长23倍，是过去15年利润的总和。五年后，浦沅集团的收入、利润分别是并购时的7.5倍和96.9倍。同样，湖南机床厂在并购进入中联重科以后的次年也扭亏为盈，在中国锯带行业重拾王者之尊，五年后，湖南机床厂的收入、利润分别是并购时的3.7倍和6.6倍。中标实业在重组以后，其收入、利润分别是并购时的4.5倍和5.4倍。2009年，车桥公司（原湖南汽车车桥厂）实现销售收入同比增长38%；物料输送公司（原华泰重工）实现销售收入同比增长162%；常德中联液压公司（原信诚液压）实现销售收入同比增长82%；土方机械公司（原陕西新黄工）实现销售收入同比增长106%，并已在6月实现盈利，扭转了多年持续亏损的状况；意大利CIFA公司得益于资源共享、协同整合，其经营状况在欧洲同行中是最好的，率先走出全球金融危机的阴霾。

由于选择的是内生式增长和重组并购相结合的路径，面对一系列重大重组，中联重科在并购时奉行双方公司、员工、政府、社会等各方利益主体"多赢"的原则，巧妙地破解了新旧管理层隔阂、管理理念冲突、公司文化抵触对抗等一系列"并购后遗症"难题。中联重科因成功解决了收购兼并后的公司管理难题，其后被评为

"最具成长性上市公司"和获得"中国 A 股上市公司优质管理团队奖",湖南省政府相关部门评价为"为大型国企改革树立了一个样板,其运作方式为国企改革改制提供较好的借鉴作用"。①

总之,中联重科借助其对财务状态的准确研判、财务机会的创造、识别和把握能力,以及超强的财务资源整合能力,及时调整公司治理结构和组织结构,适时调配财权结构,充分发挥总部的战略决策和调控能力,充分调动各事业部的积极性,实现了公司的持续快速发展,验证了动态财务能力观的基本观点。

总之,在瞬息万变的竞争环境下,公司只有在正确评判财务状态、创造并识别财务机会的基础上,适时调整公司治理结构、组织结构、财权配置结构、公司战略与政策,有效整合财务资源,才能实现公司环境、行为与价值的三维动态协调,持续生存与发展。

---

① 巨潮资讯网(http://www.cninfo.com.cn):中联重科(000157)公告信息;长沙中联重工科技发展股份有限公司网站(http://www.zljt.com)相关信息资料。

第三章 公司财务状态评判

第一节 公司财务状态含义

不确定性是公司财务研究的基本前提，但是不确定性的因素很多，每一种不确定性因素对财务运行系统产生不同的影响，如何分析不确定性因素对财务运行系统的影响呢？这就需要构造出一个能够反映不确定性因素对财务运行过程与结果产生影响的信号显示系统，根据此信号显示系统，可以预测不确定性因素对财务运行过程及其结果产生的影响。要想构造这样一个信号显示系统，首先要对财务运行系统与外界环境相互作用的过程进行描述，而且能够利用此信号显示系统对财务状态进行定量分析。

财务状态就是用于描述财务运行系统与外界相互作用过程的概念化产物，这样，不确定性条件下的财务行为选择问题就转化为不同财务状态下的财务行为选择问题。不确定性对财务运行系统的影响集中反映为财务状态的波动，财务状态的波动是有规律的。财务主体通过对财务状态变化过程的跟踪观察，掌握财务状态的波动规律。

财务运行系统是由财务主体及其所处的时间、空间与行为决定的。财务时间和财务空间决定了财务主体所处的财务状态，反映了特定时空下财务环境与财务运行系统的相互作用及其关系。财务时间是由财务主体所处的宏观经济周期阶段、公司成长周期阶段以及产品的生命周期阶段决定的，公司的发展过程是沿着时间不断演化的过程。财务空间是财务主体所处的经济地理位置与开展财务经济活动的场所，财务主体具有不断扩展活动空间，寻求市场机会的行为动机。财务时间和空间是财务主体的坐标参照系，在每个不同的坐标点上，财务主体所处的外部环境状态与内部运行状态又各不相同。所以，财务状态是对财务主体所处的时间状态与空间状态的综合反映，既反映了财务运行的外在环境，又反映了财务运行的内在基础。公司财务状态是一种动态的财务状态的波动过程，它反映了不同时空条件下的财务状态的特征及其变化规律。通过对公司财务状态的评判，财务主体可以适时调整财务政策，选择适应性财务行为。

第二节 公司财务状态分类

既然财务运行系统是一个与外界保持能量与信息交换的开放系统，那么描述财务系统运行状态特征的参数要能够反映财务主体所处的环境状态以及财务运行状态的规律。所以，为了进一步明确界定公司财务状态，可以将其分为公司财务环境状态与公司财务运行状态两个方面进行研究。公司财务环境状态是对财务系统外部环境的描述，公司财务运行状态是对财务系统内部运行状况的描述。公司财务环境状态和公司财务运行状态是相互作用、相互影响的两个变量，二者的相互作用引起了财务状态的规律性变化。

一、公司财务环境状态

受主流经济学理性人假设的影响,传统的财务学将财务环境抽象为确知的,认为财务主体可以在完全信息、稳定偏好条件下选择最大化目标的财务行为,忽视了时间因素、空间因素对决策依存信息、风险依存状态的影响。所以,传统的财务学只是将财务环境作为影响财务运行系统不可驾驭的外部变量,简化为一系列假设条件,然而,事实一次又一次宣告了传统财务研究范式的不足。20世纪30年代美国经济危机、1998年亚洲金融危机以及2008年初美国次债危机引发的全球性金融危机等,凡此种种无不昭示着财务环境对财务行为的影响。财务主体是经济社会系统的构成要素,其生存、发展与外界环境密切相连。所以,在抛开或简约财务环境的条件下研究财务运行规律,规律将会离我们越来越远,必须将财务置于整个经济运行系统中进行考察,才能捕捉到财务与其他经济要素之间的相互关系,及其运行的基本规律。

所谓公司财务环境状态是指财务系统运行所依赖的外部条件及其影响因素的总称。财务环境是公司选择财务行为的基础,只有对引发财务环境状态变化的不确定性因素的现状及其变化趋势做出正确的评估与预测,才能客观评价公司财务环境所处状态。根据公司财务运行影响结果的不同可将财务环境状态划分为"十分有利、有利、不利、十分不利"四种状态。可用四个不同的象限分别代表不同的状态,第Ⅰ象限代表十分有利的状态,外部条件和影响因素十分有利于改善公司财务状况,投资机会较多,资金供过于求,盈利能力增长较快;第Ⅱ象限代表有利的状态,投资机会逐渐减少,资金供需基本平衡,盈利能力增长放缓;第Ⅲ象限代表不利的状态,投资机会很少,资金供不应求,盈利能力零增长;第Ⅳ象限代表十分不利的状态,投资风险较大,资金严重不足,盈利能力出现负增长,财务状况恶化(见图3-1)。

II 有利	I 十分有利
III 不利	IV 十分不利

图 3-1 财务环境状态

影响财务环境状态变化的因素有很多，包括政治、经济、法律、文化、突发性事件（如战争、疾病、自然灾害）等因素。根据混沌理论，系统运行初始值的微小变化将引起系统的剧烈变化，财务环境状态是财务运行的依存条件，如果运行条件发生了变化，而财务系统没有做出适应性的变化，客观经济规律将迫使财务系统做出适应的调整，这种调整可能对财务系统正常运行造成破坏性的影响。因此，公司既要重视微观又要重视宏观，经营者应及时关注、科学评判公司财务环境状态的变化，适时调整公司财务行为，实现公司财务行为与财务环境状态的统一。如 2008 年美国"次贷危机"的发展趋势及其影响、2010 年中国物价走势以及是否演变为通货膨胀的判断，从公司财务的角度看，实际上是对公司财务环境状态影响因素的评估，不同的评估结果将导致不同的宏观经济政策预期和公司财务行为的不同选择。

二、公司财务运行状态

公司财务运行状态是指外部不确定性因素对财务运行系统的影响结果。外部不确定性因素的变化及其相互作用不仅会引起财务环境状态的变化，而且会作用于财务运行系统，引起财务运行系统内部因素的变化。如利率变化对公司融资的影响、宏观经济的景气程度对公司业务及其盈利能力的影响等。

资本配置包括资本筹集、投放及其收益分配等环节，各环节相互作用、相互影响决定了资本周转循环过程，构成了公司财务运行系统。按照马克思的资本周转与循环理论，货币是资本周转循环的起点，是资本家的预付资本（G），依次是生产资本（W）、商品资本（W′），终点是增值的货币资本（G′）。用公式表示为：G—W…P…W′—G′。资本循环是指货币资本、生产资本与商品资本这三种产业资本形式在经济运行过程中的连续性与并存性，这三种资本形态的依次继起构成了资本循环。资本周转是指资本循环一次的时间与某一时期内资本循环的次数。所以，对财务运行状态的描述，可以借鉴马克思的资本周转循环理论的观点，将经济运行过程中的资本微观化为具体财务主体的资本，财务主体资本的周转与循环构成了财务的运行系统。其中，货币资本周转循环的平衡（G′≥G）是财务安全运行的前提，而货币资本周转循环的平衡又取决于资本变现状况、资本结构状况、资本周转状况与资本保值增值状况。资本变现状况反映了资产组合规模与结构，决定了公司的偿债能力与市场机会的捕获能力。资本结构状况反映了资本的来源与构成，决定了公司资本筹集、偿还与运用的能力。资本周转状况反映了资本周转的时间与次数，决定了公司资本运营的能力。资本保值增值状况反映了资本的收益状况，决定了公司的获利能力。所以，财务运行状态可以通过资本变现、资本结构、资本周转、资本保值增值四个方面进行考察。资本变现能力越强，公司的流动性越好，短期偿付能力越强，具体可以通过流动比率、速动比率、现金

II 安全、平稳	I 安全、增长
III 良性危险	IV 恶性危险

图 3-2　财务运行状态

比率、营运资金等财务指标衡量。资本结构可以通过资产负债率、产权比率等财务指标衡量。资本周转能力可以通过存货周转、应收账款周转、流动资金周转、无形资产周转、固定资产周转、总资产周转等指标衡量。资本保值增值能力可以通过毛利率、销售净利率、净资产报酬率、总资产报酬率等财务指标衡量。通过这些指标的对比分析，可以对公司的财务运行状态做出评判。

根据财务风险可控性，财务运行状态可划分为安全和危险两种基本状态。在安全状态下，公司现金流入能敷出，现金流量表现为净流入；在危险状态下，公司现金流入不敷出，现金流量表现为净流出。根据业绩的成长性，又可将安全状态划分为安全、增长和安全、平稳两种状态。安全、增长状态下，公司现金流转正常、业绩保持增长；安全、平稳状态下，公司现金流转正常、业绩零增长。根据危险的原因，可将危险状态划分为良性危险和恶性危险两种状态。良性危险是由于公司体制、管理等原因导致的结果，可以通过体制变革、管理创新等手段使公司摆脱危险；恶性风险是由于技术、产品、管理等原因而导致的结果，此时，公司破产更有利于保护投资者利益。

第三节　公司财务状态评判

不确定程度不仅取决于信息的完全程度，而且还取决于决策主体对信息的加工、整理和意会能力。信息可以分为源码信息和意会信息，源码信息必须转换成意会信息才能对决策有用。公司财务状态评判就是对财务运行系统所面临的具有不确定性的源码信息的分析、评估与预测，以获得对决策有用的意会信息。影响公司财务状态的因素很多而且相互交织共同构成一个复杂的系统，通过对各种影响因素的分析、评价与发展趋势判断，可以将纷繁复杂的信息加工成易理解、有利于决策的各种有用信息。

在禀赋状态一定的情况下，公司风险承受能力是一定的，通过对公司财务状态的评判，有利于公司对系统性风险和非系统性风险做出客观评价，通过风险承受能力与实际风险的比较选择适当的财务行为。如果风险超出了承受能力的范围，公司会调整财务行为，使风险控制在可接受的范围内；如果风险在承受能力范围内，公司会保持既定的财务政策和财务行为，以获得既定的预期目标。

公司财务状态评判也是投资者之间交易风险合同的前提。风险合同交易之所以会发生，是因为买方和卖方对合同标的的资产风险与收益评判结果的不同，认为风险高的一方会将手中资产转让给认为风险较低的一方。这种交易发生的基础是交易双方对标的资产所处财务状态的评判。正因如此，股票、债券等金融资产交易才能正常进行。

一、公司财务环境状态评判

1. 单因素评判法

根据影响公司财务环境状态的因素，可以分别就政治、经济、法律、文化、突发性事件（如战争、疾病、自然灾害）等因素进行分析。单因素评判法包括定性分析与定量分析两种基本方法。其中，定性分析法是根据主观经验或专家建议对影响财务环境状态的不确定性因素的现状与发展趋势进行分析评判的方法，适应于无概型不确定性因素的评估。无概型不确定性因素是常态，利润源于这种不确定性因素（奈特，1921）。在不确定性条件下，公司制胜的关键是比竞争对手提前做出财务状态评判，并采取相应的策略。经营者团队或专家利用自身的经验、知识和能力能够对这种不确定性因素的发生、发展做出评估，这种能力是公司保持竞争力的异质性资源，拥有了这种异质性资源，就拥有了更多的财务机会。

定性分析法的关键是评判的主体及其与主体相关的治理结构。评判主体可以是经营者团队，也可以是外聘专家。经营者团队凭借在治理结构中拥有的权利发挥其定性评判的优势，这种优势来自经营者对环境敏锐的洞察力。外聘的专家具有一定的专业素养，可以弥补经营者团队在专业方面的劣势，提高定性评判的准确性。

定量分析法是在有概型不确定性因素时间变化序列数据分析的基础上，对财务环境状态现状及其变化趋势做出评判。如基金公司经理根据股票指数的变化趋势预测股票价格的变化；经济学家根据宏观经济指标变化的时间序列分析和未来影响因素的分析来预测经济发展的趋势。

2. 综合评判法

综合评判法是通过选取影响财务环境状态的因素变量，并根据这些因素变量之间的联系建立数学模型，用数学模型评判公司财务环境状态的方法。综合评判法最早可以追溯到19世纪末期，当时法国经济学家开始以黑、灰、单红和大红几种颜色，测定法国1877~1887年的经济波动。1903年，英国出现了描述宏观经济波动的"国家波动图"。1909年，美国经济统计学家巴布森创办巴布森统计公司，开始发布关于美国宏观经济状态的第一指示器——巴布森经济活动指数。1911年，美国布鲁克迈尔经济研究所编制并发布了涉及股票市场、一般商品市场和货币市场等方面的景气指标。1917年，哈佛大学为研究景气监测专门设立了"经济调查委员会"，由帕森斯教授主持。该委员会广泛收集了美国1875~1913年的经济统计资料，编制了"美国商情指数"（哈佛指数），并从1919年起在《经济统计评论》上定期发布。1920年，由英国伦敦大学、剑桥大学、中央经济情报会议和英国实业联合会等组织创立了"伦敦与剑桥经济研究所"，该组织与哈佛经济委员会合作，采用哈佛指数方法编制了反映英国经济景气状况的指示器——"英国商业循环指数"。1922年，在《瑞典经济评论》上出现了瑞典经济

第三章 公司财务状态评判

统计学家以哈佛指数方法编制的"瑞典商情指数"。德国在1925年也成立了景气研究所,次年发布了"德国一般商情指数"。此外,还有许多国家如法国、意大利、奥地利、比利时、波兰和日本等相继开展了景气监测研究,以类似哈佛指数的方法编制经济"晴雨表"。

哈佛指数投入使用后,不仅能指示景气状况,而且能够超前预报,因此一度风行。但是,这种景气指数却未能正确预示震撼资本主义世界的1929年大危机的来临。哈佛指数失败后,美国全国经济研究所(NBER)继续了对景气监测的研究。1937年,美国经济在经历了一次大危机之后,陷入了一场衰退之中。NBER的负责人密契尔应美国财政部部长的要求,进行了利用经济指标来判断衰退何时结束的研究。密契尔与经济统计学家伯恩斯研究了近500个经济指标的时间序列,选择了21个指标构成超前指示器,指出了经济可能转折的时间。1950年,NBER的经济学家穆尔在20世纪30年代监测指标体系的基础上,从近千个统计指标的时间序列中选择了具有代表性的21个指标,构成了一个新的监测系统,这个系统由先行、同步和滞后3种指标构成以客观经济综合状态为测度对象,采用了多指数信息综合方法——扩散指数(DI)。由于20世纪50年代中期美国经济开始高速增长,仅用扩散指数很难适应,美国商务部经济分析局的首席经济统计学家希斯金于60年代提出了合成指数法(CI),从而弥补了扩散指数的不足。

我国经济学家对经济景气指数的研究始于20世纪80年代中期,1993年,国务院发展研究中心完成了我国经济景气指数的制作,并根据这些指数分别编制了判断经济景气上升或下降属性的经济启动项指数和定量评价经济发展状况的合成指数。

公司可以利用经济景气监测系统提供的数据信息判断财务环境状态的现状及其变化趋势,并根据公司财务环境状态分析不确定性因素对财务运行系统的影响。对此,我国财务学教授赵德武(2000)认为微观财务指标的加总具有一定的经济含义,提出了构建基于微观财务指标的宏观财务经济监测与预警模型的理论框架。① 根据微观指标的加总构建宏观财务经济监测与预警模型有利于评价行业经济景气程度和经济整体运行景气程度。

二、公司财务运行状态评判

1. 单指标评判法

单指标评判法是指以某一项财务指标作为评判财务系统某一方面运行状况的方法。单一因素评判法早期用于对公司破产状态的诊断。费兹帕克（Fitzpatric, 1932）以 19 家公司为样本，运用单个财务比率，将样本划分为破产与非破产两组。Fitzpatrick 发现，判别能力最高的是净利润/股东权益和股东权益/负债两个指标。比弗（Beaver, 1966）考察了 29 个财务比率在公司陷入财务困境前 1~5 年的预测能力，发现现金流量/总负债指标在破产前一年的预测正确率可达到 87%。从本书的研究目的来看，预测公司破产的临界状态并不是最终的目的，最终的目的是利用单一因素评判法识别财务运行系统内部不确定性因素的变化对公司财务状态的影响。通过对影响公司财务状态的某个指标的跟踪与观察，确定单一因素变化对财务运行系统影响的结果，再通过调整财务政策，校正财务行为，使财务系统按照既定的财务目标运行。

影响财务系统运行各项财务指标变化的主要原因是销售收入的波动，通过对公司主营业务增长率的跟踪变化，可以反映财务环境状态变化对公司财务运行系统的影响。通过对主营业务增长率指标的时间序列的统计分析可以获得公司发展的长期变化趋势、季节性变动趋势和短期波动状况。根据主营业务增长率指标的变化趋势，公司可以选择适时调整价格政策、信用政策、研发政策。

以下选取了四川长虹 1995~2003 年的主营业务增长率、流动

---

① 赵德武. 我国宏观财务经济监测与预警问题研究 [J]. 财务与会计, 2000 (3).

资产周转率、主营业务利润率、净资产报酬率和资产负债率的数据资料（见表 3-1）。根据每个指标的变化趋势分析图（见图 3-3）可以预测出四川长虹的单项财务指标变化趋势及相应的财务行为选择。

表 3-1 四川长虹 1995~2003 年度财务指标

年度	主营业务增长率	流动资产周转率	主营业务利润率	净资产报酬率	资产负债率
1995	0.58	1.20	0.20	0.38	0.52
1996	0.36	1.01	0.18	0.38	0.57
1997	0.36	1.09	0.19	0.29	0.47
1998	−0.35	0.95	0.17	0.18	0.42
1999	−0.15	0.73	0.16	0.04	0.22
2000	0.06	0.84	0.14	0.02	0.21
2001	−0.13	0.67	0.12	0.01	0.28
2002	0.24	0.82	0.15	0.01	0.31
2003	0.11	0.80	0.14	0.02	0.38

资料来源：齐鲁证券交易系统。

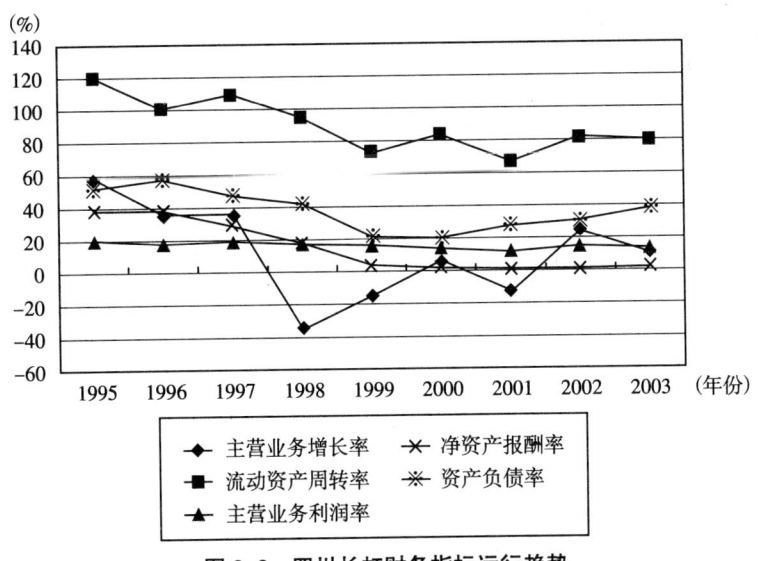

图 3-3 四川长虹财务指标运行趋势

从四川长虹 1995~2003 年度财务指标变化趋势可以看出，1995 年，主营业务增长率最快，达到 58%，产品的市场份额处于增长最快的时期；到1998年，主营业务增长率降低了35%，产品市场份额处于收缩最快的时期，1995~1998年，产品市场份额处于萎缩阶段。从1999年开始，四川长虹采取了降价销售的策略，在彩电市场中充当了价格的引领者，扭转了主营业务收入萎缩的局面，主营业务收入开始恢复增长，至2000年底，主营业务收入增长率由负增长转为正增长，达到了6%。到2001年，由于彩电技术更新的原因和四川长虹管理层的更替，主营业务增长率下降为13%。从2002年开始，由于海外市场的拓展和背投彩电的推出，四川长虹的主营业务增长率又开始增长。1998~2003年，主营业务增长率虽然有所波动，但从总的市场趋势来看，市场份额处于恢复性增长阶段。主营业务增长率的变化趋势反映了外部不确定性因素对公司的影响。

从主营业务利润率来看，处于一个相对比较稳定的状态；净资产报酬率在1999年以前虽有下降，但是，自1999年以后，净资产报酬率也是相对比较稳定的。这说明，四川长虹能够很快适应外界环境的变化，平抑财务运行系统内部财务指标波动对公司目标的影响。

从资产负债率来看，其变化趋势与主营业务增长率变化趋势基本相同，但与主营业务增长率相比较，其变化具有时滞性。这说明：在主营业务增长率下降时，公司的资产负债率也在下降；在主营业务增长率增长时，公司的资产负债率也随之提高。所以，从主营业务增长率与资产负债率的变化关系来看，公司具有动态选择资本结构政策的行为。

从流动资产周转率来看，1999年以前，受主营业务增长率下降的影响而呈下降趋势；到1999年以后，流动资产周转率处于波动幅度相对较小的运行区间，这也说明了财务主体具有根据财务状态公司选择财务行为的能力。

所以，根据单一因素判别方法，财务主体可以跟踪其变化的趋势，对可能发生的结果做出合理的预测，并采取适应性公司财务行

2. 综合指标评判法

早期对财务运行状态综合指标评判方法的研究，主要集中在财务危机的预警方面（程涛，2003）。[①] 通过财务预警系统识别财务危机发生的可能，为财务政策选择和财务行为的抉择提供支持。这方面的研究成果也可以为财务运行状态评估与预测提供支持。在财务危机预警方面的比较有代表性的成果是 Z-分值模型（Altman，1968）。[②] Z-分值模型通过选择一系列财务比率，运用多元统计分析方法建立公司破产财务预警模型。

$$Z = 0.012X_1 + 0.014X_2 + 0.033X_3 + 0.006X_4 + 0.999X_5$$

式中，X_1 为净营运资本/总资产；X_2 为保留盈余/总资产；X_3 为息税前盈余/总资产；X_4 为权益市价/总负债的账面价值；X_5 为销售额/总资产；Z 为 Z-分值。

奥特曼（Altman）结合美国股票市场的实际情况，确定 Z 值临界值为 2.675，如果 Z 值大于 2.675，那么公司的财务状况是稳健的；如果 Z 值小于 1.81，那么公司很有可能走向破产的边缘；如果 Z 值介于 1.81~2.675 之间，属于"灰色区域"，无法准确地判断公司的财务状况。

经检验 Z-分值模型在中国仍然有一定的适用性。卫建国和唐红（2002）利用 2000 年中报、年报和 2001 年中报的有关数据对 Z-分值模型进行了检验，检验结果显示 Z-分值模型在我国上市公司财务预警中具有适用性。但是，Z-分值的临界值在我国目前的上市公司中不太适用。另外，不同行业的 Z-分值差异比较大。[③] 所以，利用 Z-分值财务破产预警模型还要根据具体情况对 Z-分值予

[①] 程涛. 财务预警模型综述 [J]. 山西财经大学学报，2003（5）.

[②] Altman. E. I. Financial Ratios, Discriminant Analysis and the Prediction of Corporate Bankruptcy [J]. Journal of Finance, 1968（9）.

[③] 卫建国，唐红. 奥特曼模型在我国上市公司财务预警中的应用研究 [J]. 财会研究，2002（12）.

以适当的调整。

在此基础上，我国财务学者又引入了多元逻辑（Logit）判别模型、多元概率化（Probit）回归模型、人工神经网络（ANN）模型等进一步研究了公司破产预警问题。但是，公司的破产状态毕竟只是财务周期（罗福凯，2003）的一种表现形式，需要构建能够识别财务周期状态的模型，并根据财务周期状态识别模型的信号显示选择财务行为，而财务指标选择的局限性使财务预警模型无法显示财务行为选择所需要的信号。因此，有必要进一步研究财务运行状态识别模型，根据该模型，财务主体能够识别财务运行的趋势与"拐点"。

3. 财务运行指数模型

根据反映财务运行状态的四个方面：资本变现、资本结构、资本周转与资本增值，分别选取指标，利用主成分分析方法，建立财务运行状态综合评判模型，并根据财务运行状态综合评判模型构造财务运行指数模型。

主成分分析是通过研究多个指标相关矩阵的内部依赖关系，找出控制所有变量的少数公因子，将每个指标变量表示成公因子的线性组合，以再现原始变量与因子之间的相关关系。因子分析的目的是寻求变量基本结构，简化观测系统，减少变量维数，用少量的变量来解释复杂问题。

现设有 N 个样本，p 个指标。$X = (X_1, X_2, \cdots, X_n)$ 为可观察的随机变量，要寻找的公因子为 $f = (f_1, f_2, \cdots, f_n)$，则主成分分析模型为：

$$\begin{cases} X_1 = \mu_1 + a_{11}f_1 + \cdots + a_{1q}f_q + e_1 \\ X_2 = \mu_2 + a_{21}f_1 + \cdots + a_{2q}f_q + e_2 \\ \quad\quad\quad\quad \vdots \\ X_p = \mu_p + a_{p1}f_1 + \cdots + a_{pq}f_q + e_p \end{cases}$$

在主成分分析过程中，将每个公因子表示为变量的线性组合，进而用变量的观测值来估计每个公因子的值（主成分得分）。其数学模型为：

$$F_i = b_{i1}X_1 + b_{i2}X_2 + \cdots + b_{in}X_n$$

式中，i = 1，2，…，n；F_i 为第 i 因子的得分。

根据财务运行状态的定性描述，选取反映资本变现、资本结构、资本周转与资本保值增值状况的八项指标：流动比率、速动比率、资产负债率、控股比率、存货周转率、应收账款周转率、净资产收益率、主营业务利润率。其中，控股比率是指第一大股东持有股份的比例。

以上证50成分股公司作为研究样本。由于上证50成分股中银行类公司财务运行的特殊性与所选财务运行指标的经济含义不相符合予以剔除，经整理得到上证50成分股中44家上市公司2003年度的财务指标（见表3-2）。

表3-2 上证50成分股公司2003年度财务指标

公司名称	流动比率	速动比率	资产负债率(%)	控股比率(%)	存货周转率(%)	应收账款周转率(%)	净资产收益率(%)	主营业务利润率(%)
白云机场	3.31	3.28	9.88	57.60	24.01	3.30	7.84	61.16
东风汽车	2.10	1.90	37.07	70.00	8.66	26.82	15.64	17.83
首创股份	1.21	1.20	12.45	72.60	11.03	59.07	15.64	17.83
上海机场	7.47	7.42	13.33	60.72	31.52	9.74	10.48	52.01
华能国际	1.00	0.91	32.66	42.88	17.94	11.06	15.69	32.98
上港集箱	1.34	1.33	32.41	75.19	67.26	8.18	16.80	55.66
宝钢股份	1.17	0.69	41.41	85.00	7.69	33.68	19.67	29.85
中海发展	2.31	2.16	25.53	50.51	31.11	24.30	13.77	28.09
中国石化	0.80	0.43	51.56	55.06	7.19	41.82	11.67	19.35
南方航空	0.30	0.26	66.20	50.30	22.14	21.23	0.13	15.49
中信证券	1.74	1.74	53.59	32.35		11.38	6.67	37.18
福建高速	0.20	0.20	30.35	47.48	166.48	10.64	10.65	67.42
哈飞股份	3.28	2.13	23.57	55.73	2.04	6.02	6.44	14.36
中国联通	0.50	0.45	54.17	69.32	10.34	10.88	5.93	50.53

续表

公司名称	流动比率	速动比率	资产负债率(%)	控股比率(%)	存货周转率(%)	应收账款周转率(%)	净资产收益率(%)	主营业务利润率(%)
广州控股	1.47	1.42	28.86	74.21	14.79	23.35	13.29	38.24
清华同方	1.39	0.97	52.56	50.40	3.80	7.37	3.92	13.02
上海汽车	2.22	1.61	18.47	70.00	5.32	21.41	15.48	23.68
上海贝岭	6.13	5.76	15.31	35.11	6.15	5.71	3.54	15.16
海南航空	0.92	0.79	91.95	14.80	4.34	14.51	−113.70	0.84
山东基建	2.22	2.21	15.46	62.34	81.91	202.28	7.32	50.90
安阳钢铁	2.27	1.69	27.74	64.70	7.86	405.18	15.26	18.88
上海航空	0.59	0.43	75.18	40.66	9.16	19.69	5.12	19.47
光明乳业	1.38	1.09	41.09	30.78	13.26	18.71	15.00	32.54
广电电子	0.94	0.78	51.20	37.24	8.43	6.85	4.71	13.71
金杯汽车	0.60	0.51	61.52	29.91	3.54	3.11	6.17	15.23
广电信息	1.55	1.32	45.75	63.94	6.32	4.21	6.08	7.28
申能股份	0.98	0.95	34.31	58.73	28.18	13.11	13.57	36.45
爱建股份	1.28	0.76	54.33	22.65	0.67	14.79	−18.52	14.40
原水股份	0.83	0.79	9.90	52.42	20.55	12.68	7.88	48.86
爱使股份	1.41	1.35	54.17	7.25	24.74	27.30	9.50	31.38
上海石化	0.94	0.53	42.54	55.56	7.48	52.97	8.94	12.52
北亚集团	0.96	0.59	62.80	9.56	2.82	22.11	3.09	11.18
天津港	1.03	1.01	47.52	57.23	59.94	10.62	13.92	49.21
国电电力	0.44	0.38	65.92	43.40	13.71	6.44	12.47	27.78
悦达投资	0.75	0.68	62.60	23.51	5.33	9.41	2.24	23.92
马钢股份	1.19	0.85	43.10	63.24	5.82	81.02	18.67	24.88
东方集团	1.05	0.72	52.05	31.97	1.95	42.68	4.05	12.65
华北制药	0.87	0.74	62.07	59.37	4.68	2.97	8.52	28.06
东方明珠	0.27	0.23	29.02	52.36	14.41	18.45	8.28	50.06
四川长虹	2.17	1.30	38.27	53.63	1.70	3.07	1.57	14.46
内蒙古华电	0.70	0.63	54.66	59.79	15.41	9.93	8.05	17.23
伊利股份	1.43	1.02	45.00	14.33	8.27	58.18	10.23	31.71
张江高科	2.92	0.93	25.26	64.51	0.32	7.78	7.17	35.45
长江电力	2.11	2.09	33.06	63.00	27.46	3.63	7.25	68.89

资料来源：齐鲁证券交易系统，并经笔者整理而得。

运用 SPSS10.0 软件,可以得到变量相关系数矩阵的前三个特征根为 2.978、1.767、1.188。其累计贡献率为 74.161%,符合理论标准,说明前三个主成分综合了原始数据 8 个指标所能表达的财务运行状态信息(见表 3-3)。

表 3-3 变量相关系数矩阵 R 的特征值与贡献率

Component	Initial Eigenvalues			Extraction Sums of Squared Loadings		
	Total	% of Variance	Cumulative %	Total	% of Variance	Cumulative %
1	2.978	37.228	37.228	2.978	37.228	37.228
2	1.767	22.087	59.314	1.767	22.087	59.314
3	1.188	14.846	74.161	1.188	14.846	74.161
4	0.922	11.527	85.687			
5	0.565	7.067	92.754			
6	0.296	3.703	96.457			
7	0.256	3.204	99.661			
8	0.027	0.339	100.000			

Extraction Method: Principal Component Analysis.

根据分析结果可以提取三个主成分分别为 Z_1、Z_2、Z_3,主成分 Z_1、Z_2、Z_3 与原始财务运行指标之间的线性关系如表 3-4 所示。

表 3-4 主成分与原始财务运行指标之间的线性关系

	Component		
	Z_1	Z_2	Z_3
X_1	0.683	−0.706	−0.108
X_2	0.704	−0.654	−0.194
X_3	−0.893	0.002	−0.120
X_4	0.582	0.311	0.419
X_5	0.390	0.584	−0.506
X_6	0.182	0.044	0.598
X_7	0.540	0.377	0.397
X_8	0.635	0.509	−0.420

其中,X_1 代表流动比率;X_2 代表速动比率;X_3 代表资产负债率;X_4 代表控股比率;X_5 代表存货周转率;X_6 代表应收账款周转

率；X_7 代表净资产收益率；X_8 代表主营业务利润率。

根据表 3-4 可以将主成分与原始指标之间的线性关系表示如下：

$$Z_1 = 0.683 X_1 + 0.704 X_2 - 0.893 X_3 + 0.582 X_4 + 0.390 X_5 + 0.182 X_6 + 0.540 X_7 + 0.635 X_8$$

$$Z_2 = -0.706 X_1 - 0.654 X_2 + 0.002 X_3 + 0.311 X_4 + 0.584 X_5 + 0.044 X_6 + 0.377 X_7 + 0.509 X_8$$

$$Z_3 = -0.108 X_1 - 0.194 X_2 - 0.120 X_3 + 0.419 X_4 - 0.506 X_5 + 0.598 X_6 + 0.397 X_7 - 0.420 X_8$$

选取主成分的方差贡献率占累计贡献率的比重为权数进行加权求和可得到上证 50 成分股财务运行的综合评价得分 Z：

$$Z = (37.228 Z_1 + 22.087 Z_2 + 14.846 Z_3)/74.16$$

将某一年度的财务运行状态的综合评价得分取值为 100，并选做基期年度，并将以后各年度的财务运行综合得分与基期年度的综合得分相除，再乘以 100，就可得到财务运行指数（Index of Financial Operating，IFO）模型。

$$IFO = (Z_i/Z_0) \times 100 \quad (i = 1, 2, 3, \cdots, n)$$

以上证 50 成分股样本"东风汽车"为例说明如何构造财务运行指数模型。东风汽车 1999~2003 年的财务运行指标见表 3-5。

表 3-5 东风汽车 1999~2003 年度财务指标

年度	流动比率	速动比率	资产负债率	控股比率	存货周转率	应收账款周转率	净资产收益率	主营业务利润率
1999	2.05	1.65	30.33	57.6	8.24	58.73	12.84	14.99
2000	1.49	1.15	30.44	57.6	7.84	46.45	13.87	18.24
2001	1.44	1.19	36.35	57.6	8.01	74.02	18.17	20.79
2002	1.45	1.24	45.46	57.6	10.38	51.89	18.27	19.64
2003	2.10	1.90	37.07	57.6	8.66	26.82	15.64	17.83

根据财务综合评价的 Z-分值模型分别计算东风汽车 1999~2003 年的 Z_1、Z_2、Z_3 与 Z 的值，其计算结果见表 3-6。

表 3-6

Z_1	Z_2	Z_3	Z	IFO
39.35497	35.31473	49.70608	40.22438	100.00000
38.75125	37.30595	41.75323	38.92228	96.76292
42.49292	41.55832	58.07861	45.33522	112.70580
30.62011	41.39949	43.06437	36.32214	90.29881
31.21788	36.47181	29.46748	32.43266	80.62937

现选取东风汽车公司1999年度的财务运行综合得分为基期指标,并取值为100,将以后各年度的财务运行综合得分与1999年的进行比较,可以构造东风汽车的公司财务运行指数为:

$$IFO = (Z_i/Z_{1999}) \times 100 \quad (i = 2000, 2001, \cdots)$$

东风汽车1999~2003年的财务运行指数具体计算结果见表3-6,根据各年的财务运行指数可以绘制出东风汽车的公司财务运行指数趋势,如图3-4所示。

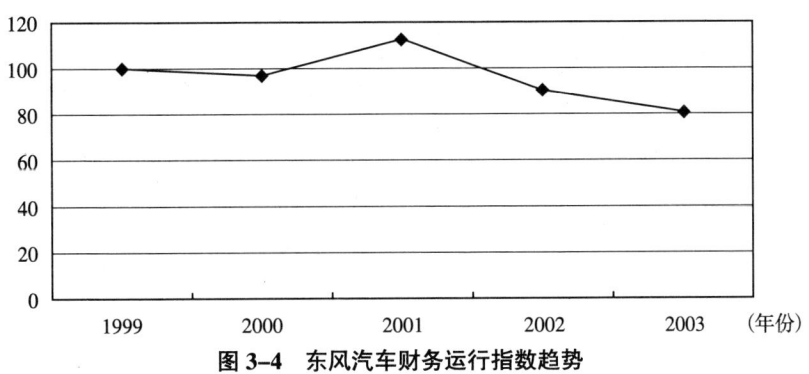

图 3-4 东风汽车财务运行指数趋势

根据东风汽车公司1999~2003年的财务运行趋势图可以看出,财务运行指数模型具有信号显示功能。如果能够长时间跟踪观察财务运行的趋势图,就可以获得财务运行状态的波动规律,以及不确定性因素对财务运行状态的影响结果。根据财务运行信号显示系统,可以选择适应性财务行为,保持财务行为与财务状态的协调,实现财务管理目标。其信号显示功能可以总结如下:

第一，提供了财务运行的趋势信号，据此，财务主体可以预测财务运行的状况。

第二，提供了财务运行的"拐点"信号，据此，财务主体可以及时调整财务政策，选择与财务状态相适应的财务行为。

第三，提供了财务运行状态的波动信号，据此，财务主体可以掌握财务周期的波动规律，预测不确定性因素变化对财务运行状态的影响结果。

财务运行指数模型与财务预警模型的简单比较。指标选择反映了财务运行系统的整体状况，弥补了财务预警模型指标选择单一化倾向的不足。财务指数模型提供了财务运行的趋势信号、"拐点"信息，不需要确定具体的临界区域，提高了模型的适用性，弥补了财务预警模型临界区域存在失灵的缺陷。财务指数模型提供的信息是财务状态的波动信息，而非单一的破产可能信息，更能满足财务实践的需要。

总之，公司财务状态评判是公司财务的重要环节，公司财务状态评判的关键是构建具有信号显示功能的信号系统。公司财务环境状态的信号系统可以借助政府关于宏观经济监测预警信息系统；公司财务运行状态的信号系统可以利用公司财务运行指数模型的信号显示功能。

第四章 公司财务机会识别

公司财务状态的评判不仅是公司财务行为的选择的前提,也是正确识别财务机会的前提。只有对公司财务状态变化的趋势做出正确评判,才能更好地识别和把握财务机会。

第一节 机会与财务机会

宽泛地讲,机会是指通过资源的创造性组合以满足市场需求、实现更高价值的可能性(Schumpeter,1934;Kirzner,1973;Casson,1982)。所谓机会,最初主要指"未被准确定义的市场需求,或未被使用的资源及能力"(Kirzner,1997),后来,也包括未被市场定义的技术、发明以及产品或服务的创意。未被利用或使用的资源,以及新的能力或技术可能会为未来顾客创造或带来新的价值。机会产生于未被利用或使用的资源,来自技术或其他专有的知识或能力,也被称为价值创造能力(Schroeder等,1996)。如果通过特定用户的利益和价值的搜寻,市场需求能够更加准确地定义,根据潜在的用途,资源能够准确地定义,那么,机会就由基本形式有了进展,新的商业概念就出现了,这个概念包括如何满足市场需求以及如何配置资源的主要观点。商业概念包括产品或服务概念(What is to be offered),市场概念(To whom it will be offered),供应链、市场或运营概念（How the product/service will be delivered to the market）（Cardozo，1986）。随着一种更加准确和不同的商业概念的成熟，它会逐渐变为一种商业模式：一种并列的市场需求和资源。如果是以市场需求（或价值搜寻）为导向的概念，那么，满足市场需求所需要资源类型、数量将被定义。如果概念产生于未被利用的资源（或价值创造能力），那么，这种能力为特殊用户所带来的利益、价值及用途将变得具体而清晰。一个完整的商业模式不仅包括具体而不同的商业概念，而且包括一个用来评估所创造的价值以及如何在利益相关者之间分配价值的财务模型。从开发进展来看，财务模型会逐渐变得具体而准确，为后来的现金流量表、识别影响现金流的主要风险因素打下基础。作为一个已经开发较为详尽的机会，还应增加正式的现金流、活动计划、资源需求等内容。这些附加内容能使商业概念变成一个完整的商业计划。

财务机会是指能够为投资人带来超额收益的各种可能，包括投资机会和融资机会。从实体角度看，财务机会蕴藏于商业机会，商业机会决定了财务机会，财务机会就是投资机会。运作流程及盈利模式构建比较完整的商业机会才具有投资价值，才有可能为投资者创造新的价值，产生投资机会。如新技术新产品的开发和应用、企业并购与重组、新市场的开发与开放等都会带来投资机会。从金融角度看，投资机会意味着新金融市场的出现、新金融产品的推出、市场上价值被低估金融资产的出现等。从投资者的角度看，投资机会意味着各种获利的可能，这种可能源于新技术、新发明、新市场、新构思、新观念、新方法。它不仅蕴藏于实体经济，而且蕴藏于虚拟经济；不仅蕴藏于传统产业，而且蕴藏于新兴产业。

融资机会是指资本成本不大于项目内含报酬率，以及权益市场价值大于公司重置成本时的各种融资可能，包括外部融资机会和内部融资机会。外部融资机会源于金融市场所能提供的各种融资渠道和方式，包括传统模式与创新模式两种。传统的金融市场在为公司提供融资机会的同时，金融市场开放、金融制度变革、金融工具创新、金融业务创新等会为公司带来新的融资机会。内部融资机会源于公司对资本的需求和股东对投资报酬的要求。只有当留存收益的报酬率大于股东所要求的报酬率时，才会出现内部融资机会。

第二节　财务机会识别的意义

机会是客观存在的，但是由于每个人或公司识别机会能力的不同，机会对于每个财务主体来说又是不均等的。机会识别从本质上讲是企业家在某一特定时点上对追求或放弃进一步发展某一具体机会而进行的决策。① 所以，机会识别更依赖于企业家警觉、先验知识、信念、认知图式、价值取向以及创造性思维等要素。企业家识别的机会是财务机会的一种，但是，财务机会识别不完全依赖于企业家。财务机会识别更加依赖于具有一定财务素养和专业训练的，或具有敏锐的财务洞察力的经营者或个人。所以，财务机会识别是指经营者或个人在一定财务状态下对潜在的市场获利机会进行分析、评估与决策选择的过程。之所以要进行机会识别，是因为：

（1）有利于拓展利润空间，实现收益的持续增长。机会是利润的增长点，没有机会，公司就无法成长、发展。在资本稀缺的条件下，将资本配置到增值能力更强的投资项目上，可以不断提高资本的积累水平，获取更多的利润。NPVGO模型说明增长机会将有助于提供公司的价值，处于新兴市场、新兴行业的公司面临的机会更多些，公司股票的定价比处于成熟市场、传统行业公司的定价要高。

---

① 张茉南，李汉玲.认知资源观视阈下的企业家机会识别探究［J］.现代管理科学，2004（10）.

（2）有利于修正财务行为、优化资本配置结构。在不确定性条件下，财务机会客观存在，通过不断识别、发现新的财务机会，公司可以通过调整发展战略、不断修正财务行为，将资本配置到获利更高的财务机会中。公司是社会网络中的一个节点，它会从这个网络中不断地获取新的信息和新的能量，新的信息可以改善公司决策信息的依存状态，新的能量可以提高公司的风险承受能力。不断获得新的信息是获得能量的前提条件，财务机会的识别过程实质上是将源码信息转换为决策可用的意会信息的过程，有了这种意会信息，才能做出捕获能量的行为、修正原来的行为，优化配置资本结构。

（3）有利于提高风险防范能力、提高市场竞争能力。财务机会的挖掘与把握的过程，就是公司适应竞争环境，增强自身抵抗风险能力的过程。在这个过程中，公司需要进行制度创新、技术创新和管理创新，吸引优秀人才，以接受新知识、新信息，提高财务机会的识别能力。财务机会识别能力是公司竞争能力的重要表现形式，这种能力有助于公司及时规避风险、抓住机会，有助于提高公司的综合竞争能力。

第三节　财务机会及其识别影响因素分析

一、财务机会影响因素分析

1. 创新能力

创新与机会相互影响、相互作用，创新能力越强，机会就越多。创新能力是指公司在新技术、新产品、新发明等方面的研发投入与产出能力，创新投入越多、创新产品的产出越多，公司的财务机会就越多。创新能力是公司进入新市场，将资本配置到新领域的一种实物期权，有了这种期权，公司就拥有了财务机会。为了提高创新能力，创造更多的财务机会，公司必须加大技术创新平台投资，提高研发投资与人力资本投资的比例，为公司创造更多的财务机会，创造更大的利润空间。

2. 市场规则

市场规则是竞争主体共同遵循的惯例或约定。谁拥有市场规则制定的话语权，谁将拥有更多的财务机会。如微软、英特尔等公司掌握了 IT 行业发展的核心技术，拥有行业规则的制定权，必然拥有更多财务机会和超额的收益回报。市场规则的变动会打破既定的市场竞争格局，创造新的财务机会。如价格在由政府管制向市场化转变过程中，价格运行机制发生了根本性的变化，价格机制的变化导致了大量套利机会。2005 年 8 月 23 日，中国证监会等五部门联合出台了《关于上市公司股权分置改革的指导意见》，解决了我国经济体制转轨过程中形成的上市公司流通股和非流通股并存的问题，实现了上市公司股份全流通，股票的定价完全发挥了市场的作用。这一规则的变动，不仅导致我国上市公司股票价格的重新定位，而且导致流通股股东和非流通股股东利益的重新分配。非流通股股东在获得股份流通权的同时，向流通股股东支付风险溢价，为投资者带来了新的投资机会。2001 年 12 月 11 日，我国接受了世界贸易组织的游戏规则，成为其第 143 个成员。这一改变使中国企业在面对来自世界各地竞争对手所带来威胁的同时，打开了进入国际市场的机会，中国企业由此将拥有更多的财务机会和广阔的发展空间。

3. 决策的双面性：理性与非理性

任何一个财务主体都不具备完全计算一项资产风险与收益参数的能力，其交易行为受其他主体行为的影响而具有理性和非理性双面特征，这种特征可能导致资产价格蕴藏风险与收益的错配。投资者对风险因素评判结果的过度自信而导致非理性行为，造成盲目追涨与杀跌。盲目追涨使资产价格所蕴藏的风险脱离未来收益而逐渐增大，盲目杀跌使资产价格所蕴藏风险脱离未来收益而逐渐降低。但是，理性投资者能够识别市场非理性行为创造的投资机会，使市场的非理性逐渐回归到理性。正是由于投资者决策的理性与非理性，导致市场的波动，创造新的投资机会。

4. 市场供需关系的变化

市场供需关系的变化是影响财务机会的最基本因素。当供应量等于需求量时，市场处于饱和状态，价格处于均衡状态，此时投资者可以获得市场平均报酬率；当供应量大于需求量时，市场处于供应过剩状态，价格处于下降趋势，此时投资风险加大，投资者应当予以回避；当供应量小于需求量时，市场处于需求旺盛阶段，此时投资者可以获得超额利润回报。市场供不应求的状态为投资者提供了进入投资的机会；而供大于求状态则为投资者提供了退出投资的机会。

5. 市场的非均衡状态

市场均衡是暂时的，非均衡是经常的。由于信息的不对称和知识的不完全，同一市场或不同市场对同一资产定价的结果不同，这种定价的结果创造了套利机会。此时，投资者卖出价格高估的资产，买入价格低估的资产，从中实现套利，这种套利过程一直会持续下去，直至市场均衡状态的出现。由于市场之间的互动效应以及制度设计的原因，投资者也可以通过行动打破市场的均衡状态，从中套利。如香港金融保卫战的实质是为了阻击世界"金融大鳄"的套利行动，而这种套利行动是建立在香港金融制度的缺陷之上的。

6. 其他影响因素

影响财务机会的因素很多，如信息、市场不完善、突发性事件等，这些因素的变化会导致投资者预期的变化和行为选择的不同，从而创造了市场机会。这些因素的变化需要投资者进行识别，利用有利的一面，规避不利的一面。例如美国"9·11"事件的发生对于看涨的买方投资者来说是一个极大的利空，而对于看空的卖方投资者来说却是一个极大的利好。

二、财务机会识别影响因素分析

1. 企业家的警觉

Kirzner（1973）首次使用"警觉"一词来解释企业家的机会识别。Ray 和 Cardozo（1996）认为有预见的企业家对信息的高度警觉先于对机会识别，他们称这种状态为企业家的警觉（Entrepreneur Alertness，EA），并将 EA 定义为"对事件、对象信息关注、敏感的倾向，特定环境下的行为模式，对制造者和用户所遇到的需求和利益得不到满足问题的特殊敏感性，以及资源的创造性组合"。还有学者认为个人的特质和环境的相互作用所创造的条件培育了更高的警觉性（Shapero，1975；Sathe，1989；Hisrich，1990；Gaglio 和 Taub，1992）。

2. 信息不对称性与先验知识

人们倾向于留意与已经知道的信息有关的信息（Von Hippel，1994）。因此，Shane（1999）假设认为企业家之所以能够发现机会是因为企业家的先验知识触发其对新信息价值的识别，并坚持认为企业家只能识别与其先验知识相关的机会。Sigrist（1999）认为有两种与机会识别过程相关的先验信息，首先是企业家特别感兴趣和着魔领域的信息。在特别兴趣的驱动下，企业家花费大量的时间，通过自学，努力提高自身的能力，获得了与感兴趣话题相关的渊博知识。其次是其他领域的相关信息。通过多年工作积累了与该工作领域相关的信息，而该工作并不是第一领域企业家特别感兴趣或着魔的，相反，是企业家在父母、导师或朋友建议下的理性选择。经过多年在第二领域相关产业的实践，企业家将以上两种信息融合，发现了新的机会、新的市场或解决顾客问题的新方法。

3. 偶然发现与系统研究

大量关于企业家精神研究的文献认为有价值机会的偶然发现先于系统性的搜寻，近几年研究者认为人们无法搜寻有价值的机会，只能偶然识别碰巧遇到的有价值信息中蕴藏的机会。Kirzner (1997) 认为两者的区别在于前者会惊奇地发现被忽略的真正有用的信息。Teach 等 (1989) 发现企业家的冒险性创意的产生不是来自先前系统性的搜索，而是早于企业之前更为正式的搜索。偶然性发现有助于提高处于被动搜索模式的企业家的警觉，在这种模式下，企业家是善于接受的，虽然没有经过正式的、系统的搜索。

4. 社会网络

Hills 等 (1997) 认为社会网络是影响企业家机会识别的重要因素，他们的依据是 Granovetter's (1973) 关于弱关系优势理论的经典论文。Granovetter 认为弱关系（包括非正式认识的）是指不包括在强关系中的社会网络部分，弱关系是信息资源的桥梁。Granovetter (1973) 讨论非正式认识的关系问题是为了说明并非只有关系近的朋友才是提供有用信息的唯一来源，因为大多数人有更多的弱关系而不是强关系。通过验证，Hills 等 (1997) 得出结论认为拥有更广泛社会网络的企业家比仅仅拥有企业家关系的企业家识别的机会要显著增多。

De Koning (1999) 提出了机会识别的社会认知结构。它的结构论认为企业家通过与更为广泛社会网络的人们的互动，以达到通过信息搜集、谈话式思考、资源评估三种认知活动逐步发展机会的目的。这个网络包括企业内部的核心层（和企业家有长期稳定的关系，但不是企业合伙人的人）、活动集（企业家招聘的能够为机会提供必要资源的人）、合作伙伴（初期创业团队成员）和弱关系社会网络。

5. 个人特质

一些认知性研究聚焦于企业家个人特质及其对企业家冒险精神的贡献。可是，Shaver 和 Scott（1991）在这些研究的综述中试图指出通过心理测试实验并没有发现企业家与其他人（经理以及普通公众）的区别。有两种个人特质与成功的机会识别有关系。许多研究者发现，乐观与更高的机会识别有关系。Krueger 和 Dickson（1994）的研究表明企业家的乐观与自信心有关，但是，需要指出的是，某人为了达到特殊的困难目标能力的乐观与承担更大风险的乐观是没有关系的。Guth 等（1991）发现企业家的乐观是冒险成功的内视图，主要依赖于企业家的能力和知识。但是，当被迫采取外部观点时，企业家对可能性结果更加现实。组织环境研究也表明感知上的自信心导致的乐观更倾向于看到特定环境中的机会而不是威胁。

第二个个人特质是创新能力。Schumpeter（1934）是第一个阐述成功的企业家发现的机会是其他人看不到的观点。Winslow 和 Solomon（1993）认为企业家的创新能力与创新精神虽然不一样，但是十分相似。Kay（1986）得出结论认为创新因素在企业家的决策中起着非常重要的作用。Hills 等（1997）调查发现 90%的人认为创新对机会识别十分重要。可是，单个的企业家比网络化的企业家认为创新更加重要，他们认为自己一直很创新，并愿意留出特别时间用于创新。Hills 等得出结论认为网络化企业家的机会资源可能不需要与非网络化的企业家的创新性一样。

第四节 财务机会识别

一、投资机会识别

1. 投资机会因素分析模型

影响投资机会的不确定性因素很多,可以将这些影响因素视为投资机会的解释变量,而将投资机会视为被解释变量。如果投资机会用 I 表示,影响投资机会的变量用 K_j 表示,那么,投资机会的因素模型可以表示为:$I = f(K_j)$,其中 $j = 1,2,3\cdots$。影响投资机会的变量包括创新能力、规则变动、非理性行为、市场均衡状态、供需关系等。可以根据每一种不确定性因素的变化对投资机会的影响做出分析,以发现潜在的投资机会。如税收政策变化对投资机会的影响,可以将税率的变化值代入投资机会因素模型,根据因素模型计算分析可能带来的收益影响,从而识别是否存在投资机会。

2. 托宾 Q 值识别模型

按照托宾 Q 值模型,公司市值 = 资产重置成本 + 增长机会价值 = Q × 资产重置成本,其中 Q = 公司的市价/资产重置成本。当 Q > 1 时,说明公司的市价高于公司资产的重置成本,相对公司市值而言,新厂房和设备比较便宜,公司愿意通过购买资产来扩大投资;当 Q < 1 时,公司与其投资购买设备和创建渠道,还不如收购低 Q 值的公司进行扩张。根据托宾 Q 值模型,可以有效识别潜在的投资机会。

事实上,托宾 Q 值模型反映了价值投资的理念,因此,投资机会识别的关键是寻找市场上价值被低估的资产。而资产价值取决于未来相关收益的增长机会,所以,投资机会的识别还要进一步分析影响未来收益增长的因素,如资源的赋存状况、技术创新能力、管理水平、市场容量等对收益的影响,并利用各种估价模型对资产价值进行评估,借以寻求价值被低估的资产。

3. 动态市盈率估值模型

市盈率是证券投资时机识别最常用的指标,它分为静态指标和动态指标两种。静态指标是基于过去业绩的价值评判,动态指标是基于未来业绩的评判。构建基于未来收益的动态市盈率模型是捕捉证券市场投资机会的重要方法。

构建动态市盈率模型的基本思想是寻找驱动股价变动的基本因素,并用股价与股价的驱动因素进行比较。因此,一般动态市盈率模型(P_0/E_1)等于现时股价 P_0 与未来收益 E_1 之比。对于上市公司来说,可以从每日股票交易行情中获取现时股价数据;而预测期每股收益则取决于预测期的总资产收益率(ROA_1)、所得税税率(T_1)、总资产额(TA_1)和流通在外的普通股股数(N_1)。因此,一般动态市盈率模型可以表示为式(4-1)。

$$P_0/E_1 = \frac{N_1 \times P_0}{ROA_1 \times (1 - T_1) \times TA_1} \qquad (4-1)$$

用一般动态市盈率模型评价一家公司股价的高低,要考虑这家公司未来投资项目的获利水平、所得税税率、总投资规模以及发行在外的普通股股数可能发生的变化。如果这些因素在预测期内保持不变,即预测期的每股收益与上一期保持一致,则股价应保持平稳。如果其他因素保持不变,而 ROA 提高了,则股价应随之上升,反之,如果预测期 ROA 下降了,则股价会随之降低。如果其他因素保持不变,T 提高了,则股价会随之降低,反之,如果 T 下降了,股价会随之上升。如果其他因素保持不变,TA 提高了,则股价会随之上升,反之,如果 TA 下降了,则股价会随之降低。如果其他因素保持不变,N/TA 提高了,股价会随之下降,反之,如果 N/TA 下降了,则股价会随之上升。

有一类公司的业绩能够保持持续稳定增长,对于这类公司的动态市盈率的构建要充分反映公司的增长因素对股价的驱动作用。Bodie, Kane 和 Marcus(2005)认为适当厂商的价值等于零增长厂商价值加上未来厂商准备投资的净现值,即加上增长机会的现值(PVGO),因此,股票的价值应等于无增长每股股票的价值加增长机会的现值。如果投资者要求的必要报酬率为 K,那么,固定增长型股票的估价模型可以表示为式(4-2)。

$$P_0 = E_1/K + PVGO \qquad (4-2)$$

根据式(4-2)可以进一步推导出固定增长的动态市盈率模型为式(4-3)。

$$\frac{P_0}{E_1} = \frac{1}{K}\left(1 + \frac{PVGO}{E_1/K}\right) \qquad (4-3)$$

当 PVGO = 0 时,式(4-3)可演变为 $P_0 = E_1/K$,股票估值模型变为零增长的永续年金形式,此时,市盈率等于 1/K。然而,当 PVGO 逐渐成为主导价格的因素时,市盈率会逐渐提高。式(4-3)中,PVGO 与 E_1/K 的比率可以简单解释为:公司价值中由增长机会贡献的部分与现有资产贡献部分的比率。当未来增长机会对公司价值贡献较大时,公司应该得到相对目前收益来说较高的价格。利用这一模型,可以解释为什么 1992~2001 年英特尔公司的市盈率为 35,而美国电力公司的这一比率只有英特尔公司的一半。这些数字并不意味着英特尔公司相对于美国电力公司来说价值被高估了。如果投资者相信英特尔公司比美国电力公司有更快的增长,较高的市盈率就是合理的。如果投资者预期收益将快速增长,他会乐意为每一美元的收益支付较高的价格。事实上,英特尔公司的增长率与其市盈率是一致的,2000 年,它的每股收益增长了 8 倍以上,而美国电力公司同期的盈利增长却没有太大的变化。很明显,增长机会的差别使两家公司在市盈率上大相径庭。市盈率实际上是市场对公司增长前景的乐观反映。投资者使用市盈率模型时,必须清楚自己比市场乐观还是悲观。如果乐观,他们将会选择买入股票。

假设预测期的股利为 D_1,增长率为 g,我们可以利用固定增长的股票估价模型:$P0 = D_1/(K - g)$ 进一步推导固定增长的动态市盈率模型。假设收益留存率为 b,股权收益率为 ROE,则 $D1 = E_1(1 - b)$,$g = ROE \times b$。将 D_1 与 g 代入固定增长型股票估价模型,可以得到式 (4-4):

$$P_0 = \frac{E_1(1 - b)}{k - ROE \times b} \tag{4-4}$$

对式 (4-4) 变形可得式 (4-5)。

$$\frac{P_0}{E_1} = \frac{1 - b}{k - ROE \times b} \tag{4-5}$$

式 (4-5) 说明股权收益率 (ROE) 是影响市盈率大小的重要因素。股权收益率高,说明公司拥有高增长投资机会较多;反之,如果股权收益率低,则说明公司拥有的增长机会较少。增长机会越多,公司的市盈率越高;反之,增长机会越少,公司的市盈率越低。只要股权收益率大于投资者要求的必要报酬率 K,市盈率将会随 b 增加而提高。因为高增长的投资机会为投资者创造了更大的财富,投资者投入的越多,获得的报酬就越大。所以,留存收益率越高,增长率就越大。而高收益留存率并不一定意味着高市盈率,仅当公司投资的预期股权收益率比投资者要求的必要报酬率更高时,高收益留存率才会提高市盈率。否则,高收益留存率会损害投资者的利益。

事实上,由于竞争的作用,任何一个公司都不可能始终保持固定的比率增长,因此,固定增长型动态市盈率模型的应用范围受到限制。为此,有必要进一步分析驱动股价变动的其他因素,并以此构造更具有应用价值的动态市盈率模型。根据 Danielson 和 Dowdell (2001) 的回报期估值模型,我们可以构造相应的回报期动态市盈率模型。

如果初始投资额为 $I_{t=0}$,投资回报率为 R_E,投资收益全部用于再投资,则有式(4-6)和式(4-7)。

$$E_{t=1} = R_E \times I_{t=0} \tag{4-6}$$

$$I_{t=1} = I_{t=0} + E_{t=1} = I_{t=0}(1 + R_E) \tag{4-7}$$

如果第 2 期初始投资 $I_{t=0}$ 的投资回报率仍然为 R_E,从第 1 期之后,再投资收益率为 R_N,则第 2 期的投资收益可以表示为:$E_{t=2} = E_{t=1} + R_N \times E_{t=1}$,第 2 期的投资额可表示为式(4-8)。

$$I_{t=2} = I_{t=1} + E_{t=2} = I_{t=0} + I_{t=0}R_E(1 + R_N) \tag{4-8}$$

依此类推,当 $t = \tau$ 时,$I_{t=\tau}$ 可以表示为式(4-9)或式(4-10),在式(4-10)中,$PVAF(\tau, R_N)$ 代表 τ 期贴现率为 R_N 的年金现值系数。

$$I_{t=\tau} = I_{t=0} + (I_{t=0} \times R_E) \sum_{t=1}^{\tau} (1 + R_N)^{t-1} \tag{4-9}$$

$$I_{t=\tau} = I_{t=0}(1 + R_N)^{\tau}[1 + (R_E - R_N)PVAF(\tau, R_N)] \tag{4-10}$$

$t = \tau + 1$ 年之后,投资回报率将等于投资者要求的回报率 K。在股利支付率为 100% 的条件下,投资产生的持续现金流或股利等于这期间的投资报酬率 R_T 与 $I_{t=\tau}$ 的乘积,具体可表示为式(4-11)。

$$E_{t=\tau+1} = R_T \times I_{t=\tau} \tag{4-11}$$

在 $t = \tau$ 时,股票的价值是式(4-11)永续年金的现值:$P_{t=\tau} = (R_T \times I_{t=\tau})/k$,在 $t = 0$ 到 $t = \tau$ 之间,如果企业不支付股利,那么,在 $t = 0$ 时股票的价值等于 $t = \tau$ 时股票价值的现值,因此,$P_{t=0} = P_{t=\tau}/(1 + k)^{\tau}$,根据式(4-10)可以将 $t = 0$ 时的股票价值表示为式(4-12)。

$$P_{t=0} = I_{t=0} \left(\frac{1 + R_N}{1 + k} \right)^{\tau} [1 + (R_E - R_N)PVAF(\tau, R_N)] \left(\frac{R_T}{K} \right) \tag{4-12}$$

为了进一步简化式(4-12),可考察 R_E、R_N 和 R_T 之间的关系。模型假设企业在最后阶段将获得平均报酬率 R_T,R_T 是 R_E 和 R_N 的函数,这也是企业竞争均衡的结果。如果用 $WR_{E,N}$ 表示 R_E 和 R_N 的加权平均数，则三者之间的关系可以表示为式（4-13）。

$$WR_{E,N} = \frac{R_E}{[1 + (R_E - R_N)PVAF(\tau, R_N)]} \quad (4\text{-}13)$$

式（4-12）右边乘以（R_E/R_E），然后再将式（4-13）的两边同乘以 $[1 + (R_E - R_N)PVAF(\tau, R_N)]$，最后可得式（4-14）。

$$P_{t=0} = I_{t=0}\left(\frac{R_E}{k}\right)\left(\frac{1+R_N}{1+k}\right)^{\tau}\left(\frac{R_T}{WR_{E,N}}\right) \quad (4\text{-}14)$$

由于 $E_{t=1} = I_{t=0} \times R_E$，式（4-14）可以演变为式（4-15）。

$$P_{t=0} = \frac{E_{t=1}}{k}\left(\frac{1+R_N}{1+k}\right)^{\tau} \quad (4\text{-}15)$$

由式（4-15）可以进一步推导出回报期动态市盈率模型为式（4-16）。

$$\frac{P_{t=0}}{E_{t=1}} = \left(\frac{1}{k}\right)\left(\frac{1+R_N}{1+k}\right)^{\tau}\left(\frac{R_T}{WR_{E,N}}\right) \quad (4\text{-}16)$$

式（4-16）说明动态市盈率取决于初始投资收益率、再投资收益率和均衡投资收益率，这三个收益率分别反映了不同时期的投资收益水平。

二、融资机会识别

1. 融资窗口识别模型

在一定理财时空条件下，财务主体可以选择的融资机会是有限的。对于财务主体来说，正确识别融资时空变化是识别融资机会的前提。所谓融资窗口是指在一定财务状态下，可供选择的融资市场或融资渠道。由于财务状态和进入融资市场条件的限制，财务主体所拥有的融资渠道选择是一定的。但是，财务状态的变化和进入融资市场限制条件的变化又会导致融资窗口选择的变化，这种变化会带来新的融资机会。所以，融资窗口识别模型的关键问题是如何识别财务状态和进入融资市场条件的变化，及其可能带来的新的融资窗口。如中国公司可以选择在A股、B股、H股、S股、N股等不同市场发行股票融资，至于选择哪种窗口进行融资，需要识别财务主体的财务状态及每种市场融资条件的变化。

2. 托宾Q值识别模型

托宾Q值模型不仅可以提供识别投资机会的功能，而且还可以提供识别融资机会的功能。当Q>1时，说明公司的市价高于公司资产的重置成本，此时，公司发行证券可以卖个好价钱，公司应抓住机会发行证券融资，以扩大公司规模，进一步提高竞争实力。而当Q<1时，公司发行证券融资就不一定能够卖个好价钱，融资成本就会相对提高。所以，利用托宾Q值模型也可以识别融资机会。

三、收益分配机会识别

1. 机会成本理论模型

机会成本是收益分配机会识别的关键性变量。如果投资人认为收益留存将增大机会成本，而公司又存在大量的闲置资金，此时就是选择现金股利政策的最好机会。相反，如果投资人认为收益留存能够带来更快的财富增长，而公司又处于快速发展时期，此时就是选择股票股利政策的最好时机。而当投资人要求的收益报酬率与公司的投资报酬率相当时，此时是公司采取不分配政策的最好时机。

2. 偏好理论分析模型

公司收益分配的选择还要考虑投资人的偏好，偏好变化也是公司识别收益分配时机的重要因素。而偏好和投资人风险承受能力有关，投资人的风险承受能力越强，可能更偏好股票股利政策或不分配的股利政策；而投资人的风险承受能力越弱，则可能更偏好于现金股利政策。所以，了解、分析投资者偏好的变化也是正确识别收益分配机会的重要方法。

结论：机会识别固然十分重要，但是，机会识别确是十分困难的事情，信息、知识、经验与人的悟性等因素都限制了人们的机会识别能力。虽然这里提供了许多财务机会识别模型，但是，人的心智模型更是不可忽略的识别模型。

第五节 投资时机选择：以煤炭储备开发为例

煤炭储备的勘探、开发与利用不仅影响到矿业公司价值的持续增长，还会影响到宏观经济的可持续发展。在不确定性条件下，矿业公司实际承受的风险具有依存性，为了实现风险承受能力与风险暴露、风险与收益的匹配，根据风险评估与市场机会识别的结果，矿业公司可以据此选择最佳时机开发煤炭储备项目，以获得预期收益。那么，如何评估一个煤炭储备开发项目的内在价值，做出科学决策呢？根据净现值法则，依据当前煤炭价格、煤炭价格预期变化率、煤炭储备开发成本以及煤炭市场未来发展前景，预测煤炭储备开发项目未来现金流量，并根据项目风险的大小选择相应的贴现率对现金流量贴现。如果项目净现值大于等于零，煤炭储备开发投资项目可行，如果净现值小于零，则项目不可行。根据风险与收益匹配的原则，煤炭价格的波动性越大，项目的投资风险就越大，投资者所要求的必要报酬率就越高，贴现率参数的值就越大，项目净现值就越小。因此，净现值法则可能会使矿业公司失去风险较大、收益较高时煤炭储备的开发时机。另外，由于净现值法则只考虑了风险投资项目的机会成本而忽略了同一项目在不同时点开发所带来的机会成本，因此净现值法则有可能导致公司投资提前，而失去延迟开发可能带来的项目价值增值。自1973年B-S期权定价模型以来，期权定价的思想对项目投资价值的估价理论和方法的发展产生了巨大影响。Stewart C. Myers（1977）利用金融期权的思想分析了资本预算中的增长机会,并将投资者在投资过程中所拥有或创造出来的选择权定义为"实物期权(Real Options)"。按照 Amram 和 Kulatilaka(1999)的观点,实物期权具体可划分为等待投资期权(Waiting-to-invest Options)、增长期权(Growth Options)、柔性期权(Flexibility Options)、退出期权(Exit Options)和学习期权(Learning Options)。从实物期权的角度看,矿业公司持有的不仅是煤炭储备项目本身,而且还包括嵌套于煤炭储备项目中的以已开发煤炭储备为标的物的看涨期权(Call Option)。由于这种期权价值的存在,煤炭价格的波动性越大,未开发煤炭储备的价值就越大。因此,为了避免净现值法则可能带来的决策错判,本书利用实物期权的定价方法,构建了基于实物期权的煤炭储备开发时机选择模型。

一、未开发煤炭储备的期权特征

煤炭储备勘探、开发、利用可以看作一个多阶段投资问题:①勘探阶段,其目的是发现煤炭储备的地理位置、煤层赋存条件、煤炭资源储备量等。②采矿权获得阶段,通过政府授权、竞标等方式矿业公司可以获得采矿权。③开发建设阶段,包括井巷的设计、施工,采掘、洗选、运输等相关设备、土地使用权、办公设施的购置等。④运营阶段,包括煤炭采掘、加工、利用、销售等过程。前两个阶段可以看作为了获得煤炭储备开采权而付出的代价,这是矿业公司开采煤炭资源的先决条件,这种开采权的价值取决于可开采煤炭储备量的大小、煤炭价格的大小及其波动程度、单位煤炭开发投资的回报率以及时限的长短等因素。矿业公司可以根据煤炭市场行情的变化选择最有利的开发时机。因此,矿业公司拥有未开发煤炭储备的开采权,实际上相当于拥有了一份看涨期权。未开发煤炭储备开采期权的标的资产为已开发煤炭储备项目的价值,其执行价格为项目开发成本,期限为获得开采权起始日至煤炭开采运营起始日,其价值及最优执行规则取决于已开发煤炭储备项目的投资收益及其波动状况。它与股票看涨期权的具体比较见表4-1。

表4-1 看涨期权与未开发煤炭储备的比较

看涨期权	未开发煤炭储备
股票价格	已开发煤炭储备项目的价值
执行价格	开发投入的资本
到期时间	获得开采权起始日至煤炭开采运营起始日
股票价格波动	已开发煤炭储备项目价格的波动
股票股息	已开发煤炭储备项目的投资收益

由于煤炭价格、煤炭开采成本受市场供求关系、国家调控政策、竞争对手策略以及替代能源价格等因素的影响,因此,煤炭价格和煤炭开采成本具有随机不确定性,煤炭价格 P 和煤炭开采成本 C 的随机过程以及相应的煤炭储备开发投资项目的价值 V 可用维纳过程表示:

$$\frac{dP}{P} = \mu_1 dt + \sigma_1 dz_1 \qquad (4-17)$$

$$\frac{dC}{C} = \mu_2 dt + \sigma_2 dz_2 \qquad (4-18)$$

式中,μ_1、μ_2 分别代表煤炭价格和煤炭开采成本的期望增长率;σ_1、σ_2 分别代表煤炭价格和单位开发成本的波动率;dz_1、dz_2 分别为遵循标准维纳过程的一个增量;dt 为时间增量。由于煤炭价格、煤炭开发成本的变化规律遵循几何布朗运动过程,而已开发煤炭储备项目的价值主要受煤炭价格、煤炭开采成本等因素的影响,因此,煤炭储备开发项目的价值 V 同样遵循几何布朗运动,具体过程可描述为式 (4-19)。

$$\frac{dV}{V} = \alpha dt + \sigma dz \qquad (4-19)$$

式 (4-19) 中,$\alpha = \mu - \delta$,μ 为已开发煤炭储备项目的预期回

报率，δ 为延迟开发煤炭储备项目的机会成本，α 为开发储备项目的净投资报酬率，σ 为已开发煤炭储备项目价值的波动率。如果 $\delta = 0$，说明延迟开发没有机会成本，矿业公司将会一直持有而不会开发。如果 $\delta > 0$，说明如果矿业公司延迟开发将承受机会成本，因此，矿业公司应选择一个最佳时机开发煤炭储备项目。如果 $\delta \to \infty$，持有未开发煤炭储备的期权价值将为零，公司只能选择现在投资或不投资，此时，净现值法则有效。

由式（4-17）、式（4-18）和式（4-19）可知，煤炭价格、煤炭开发成本、煤炭储备开发项目的价值符合一个对数正态分布，因此，未开发煤炭储备项目类似于一个看涨的股票期权。

二、模型构建与求解

既然未开发煤炭储备具有期权的特性，而且能够在市场上找到对应的资产，因此，我们能够构造一个无风险投资组合，并根据这个投资组合求出未开发煤炭储备期权的价值。假设这一投资组合由未开发煤炭储备及其相应项目的空头组成。未开发煤炭储备的价值为 $F(V)$，项目空头的数量为 $n = F'(V)$ 单位。则这一组合的价值为 Φ，且 $\Phi = F - F'(V)V$。如果该组合是动态的，当 V 变化时，$F'(V)$ 也会随之变化，因此，投资组合的比例也会发生变化。然而，在一个很小的时间区间 dt，可以认为 n 是固定的。对于理性的投资者来说，持有项目空头要求获得的回报为 $\delta V F'(V)$；持有项目多头要求获得的回报为 μV，它等于资本收益 αV 加上机会成本 δV。由于项目空头包含 $F'(V)$ 单位，它需要支出 $\delta V F'(V)$。那么，在很短的时间间隔内持有该投资组合的总回报可以表示为：

$$dF - F'(V)dV - \delta V F'(V)dt$$

根据伊藤定理可得 dF 的表达式为：

$$dF = F'(V)dV + \frac{1}{2}F''(V)(dV)^2$$

因此，投资组合的总回报可表示为：

$$\frac{1}{2}F''(V)(dV)^2 - \delta VF'(V)dt$$

根据式（4-19），且当 $E(dz) = 0$ 时可得：

$$(dV)^2 = \sigma^2V^2dt$$

因此，投资组合的回报可变为：

$$\frac{1}{2}\sigma^2V^2F''(V)dt - \delta VF'(V)dt$$

假设无风险报酬率为 r，由于该投资组合的总回报是无风险的，因此，为了避免套利，它必须满足条件：$r\Phi dt = r[F - F'(V)V]dt$，由此可得：

$$\frac{1}{2}\sigma^2V^2F''(V)dt - \delta VF'(V)dt = r[F - F'(V)V]dt$$

进一步整理可得到 F(V) 必须满足微分方程：

$$\frac{1}{2}\sigma^2V^2F''(V) + (r-\delta)VF'(V) - rF = 0 \qquad (4-20)$$

此外，F(V) 必须满足以下边界条件：

$$F(0) = 0 \qquad (4-21)$$

$$F(V^*) = V^* - I \qquad (4-22)$$

$$F'(V^*) = 1 \qquad (4-23)$$

式中，V^* 代表项目是否开发的临界点，I 代表开发投入资本。式（4-21）说明如果 V = 0，那么持有煤炭储备的期权是无价值的，此点是观测最优开发时机的起点。式（4-22）是临界点开发投资项目的价值特征。式（4-23）为平滑粘贴条件，只有如此，F(V) 才有最优解。

由于式（4-20）对因变量 F 及其导数是线性的，其一般解可以看作任意两个独立解的线性组合。如果采用函数 AV^β 的形式，并假定 β 为齐次方程的一个根，通过替代，可以发现 β 满足式（4-24）。

$$\frac{1}{2}\sigma^2\beta(\beta-1)+(r-\delta)\beta-r=0 \qquad (4-24)$$

式（4-24）的两个根分别为 β_1、β_2。

$$\beta_1=\frac{1}{2}-\frac{r-\delta}{\sigma^2}+\sqrt{[(\frac{r-\delta}{\sigma^2})-\frac{1}{2}]^2+\frac{2r}{\sigma^2}}>1$$

因此，式（4-20）的一般解可以表示为：

$$F(V)=A_1V^{\beta_1}+A_2V^{\beta_2}$$

式中，A_1、A_2 为待定常数。由于式（4-21）隐含着 $A_2=0$，因此：

$$F(V)=A_1V^{\beta_1}$$

$$\beta_2=\frac{1}{2}-\frac{r-\delta}{\sigma^2}-\sqrt{[(\frac{r-\delta}{\sigma^2})-\frac{1}{2}]^2+\frac{2r}{\sigma^2}}<0$$

根据式（4-22）和式（4-23）可解出常数 A_1 和临界值 V^*：

$$A_1=\frac{V^*-I}{(V^*)^{\beta_1}}=\frac{(\beta_1-1)^{\beta_1-1}}{(\beta_1)^{\beta_1}I^{\beta_1-1}}$$

$$V^*=\frac{\beta_1}{\beta_1-1}I$$

由以上分析可知，一个最优的煤炭储备开发策略是：只有当已开发煤炭储备项目的价值大于临界值 V^* 时，矿业公司才会选择开发，否则选择延迟等待策略。

三、模型应用：一个算例

某矿业公司拥有 3000 万吨煤炭储备的开采权，如果现在开发，需投入资本 15000 万元，矿井设计生产能力为年产原煤 100 万吨，预计可采 30 年。预计煤炭市场价格平均为 150 元/吨，吨煤开发成本平均为 100 元/吨，年折旧额为 500 万元。平均所得税税率为 25%。如果无风险利率为 4%，项目的 β 系数为 0.5，延迟期内同类矿井的投资收益率为 10%，已开发煤炭储备项目价值的波动率为 0.2。那么，该矿业公司是选择现在开发还是延迟开发该项目呢？

1. 用净现值法进行决策分析

该矿业公司每年的现金净流量为：

$100 \times (150 - 100) \times (1 - 25\%) + 500 \times 25\% = 3875$（万元）

根据资本资产定价模型（CAPM）计算贴现率为：

$4\% + 0.5 \times (10\% - 4\%) = 7\%$

贴现率为7%，期限为30的年金现值系数为12.4090。

因此，该项目的净现值为：

$3875 \times 12.4090 - 15000 = 33084.88$（万元）

由于项目的净现值大于零，根据净现值法则，该矿业公司应选择立即开发投资。

2. 用开发时机选择模型进行决策分析

$$\beta_1 = \frac{1}{2} - \frac{0.04 - 0.1}{0.2^2} + \sqrt{[(\frac{0.04 - 0.1}{0.2^2}) - \frac{1}{2}]^2 + \frac{2 \times 0.04}{0.2^2}}$$

$$= 1.45$$

$$V^* = \frac{1.45}{1.45 - 1} \times 15000 = 48333.33 \text{（万元）}$$

$$A = \frac{48333.33 - 15000}{48333.33^{1.45}} = 0.0054$$

$$F(V) = 0.0054 \times 48333.33^{1.45} = 33333.33 \text{（万元）}$$

根据以上计算结果可知，该项目开发时机的临界现值为48333.33万元。根据时机选择模型，该项目的现值为33333.33万元，小于临界现值，因此，延迟等待开发更有利。

以上两种决策方法得到两种完全不同的结论。根据净现值法则，现在应立即开发；根据开发时机选择模型，则应选择延迟等待开发。但是，由于净现值法忽视了嵌套于项目的实物期权，不能给公司提供把握时机的科学决策依据，往往造成急功近利，而忽视了长远经济利益。因此，开发时机选择模型提供的结论更具可靠性。简而言之，期权定价方法不需要考虑决策主体对风险的偏好，也不需要考虑项目的风险与市场的相关程度，一定程度上弥补了净现值法则的不足。因此，未开发煤炭储备项目的价值受煤炭市场价格等因素的波动性影响较大，这种波动性会增加矿业公司延迟开发煤炭储备的价值。矿业公司应及时分析煤炭行业市场行情和煤炭储备价值的变化，选择最佳时机开发煤炭储备项目。而不应根据净现值法则做出现在开发或不开发的简单结论。

第五章 公司财务政策选择

第一节 财务政策含义

公司是利益相关者基于各自的风险偏好与预期收益的不同而达成的关于资产选择的合约。投资者投入的是实物资本，其收益根据财务成果与持股比例确定；债权人投入的是货币资本，其收益根据债务契约而定；经营者投入的是人力资本，其收益根据投资者与经营者之间的薪酬合同确定；职工投入的是劳力资本，其收益根据经营者与职工之间的劳资关系合同确定；政府投入的是公共物品，其收益依据税法而定；客户投入的是关系资源，其收益是满足消费需求，或低成本、高质量稳定获得原材料资源，降低原材料供应的不确定性。由此可以看出，利益相关者的风险结构与收益结构是不同的。由于利益相关者对风险偏好与预期收益的不同，他们对资产的选择也不同。每个公司的组织形式、融资结构、资产结构的不同决定了公司经营风险和财务风险的不同，在资本具有流动性的前提下，利益相关者会根据自己的风险偏好与禀赋状态选择不同的公司进行投资，所以，公司就是利益相关者关于风险收益组合的选择而达成的契约。

利益相关者通过外部控制市场和公司内部治理机制选择用"用

手投票"或"用脚投票"的方式调整他们持有的资产组合，直至最终实现公司的资产组合能够反映利益相关者的不同风险偏好与目标收益。由于对风险偏好与预期收益的不同，每个利益相关者的资产选择行为也不同，但是，公司最终的资产选择方案是唯一的，如何保证公司的资产选择方案符合利益相关者的风险偏好与预期收益呢？利益相关者如何约束经营者的资产选择行为呢？这就需要利益相关者根据各自的风险偏好与预期收益要求达成对经营者资本配置行为具有约束作用的财务政策框架。经营者面对的资本配置环境是不确定的，经营者的资本配置行为具有公司性，其他利益相关者不可能与经营者就资本配置行为的具体方案乃至每一个细节达成合约。所以，财务政策具有对经营者资本配置行为的微观调控作用。另外，由于利益相关者受理财环境不确定性的影响，其风险偏好与预期收益也在变化，利益相关者也需要公司选择不同的财务政策调控经营者的行为。

所以，财务政策的含义可以归纳为：在一定财务状态下，为了满足不同的风险偏好与预期收益，利益相关者对资本配置的原则、范围、方式、方法达成的合约，这种合约具有调控、约束经营者（代理人）财务行为的作用，是利益相关者共同选择的结果。从不确定性角度看，公司财务论更加强调以下两个方面：①由于风险偏好与预期收益的变化，利益相关者具有财务政策选择行为的公司性。②经营者（代理人）由于直接面对理财环境的不确定性，具有财务行为选择的公司性。所以，财务政策是利益相关者对代理人财务行为进行调控与约束的制度安排。

既然财务政策是利益相关者相互博弈、共同选择的结果，而且财务政策对经营者行为具有指导作用。那么，财务政策选择的目标就是满足利益相关者的风险偏好，实现利益相关者的预期收益。

第五章　公司财务政策选择

第二节　财务政策类别与内容

一、投资政策

投资政策对投资行为具有调控与约束作用,投资行为表现为行为主体对资产风险与收益的选择。投资风险、收益与资产的时间有关,根据资产的时间维度,投资政策可分为长期投资政策和短期投资政策。其中,长期投资政策主要是指资本预算政策,短期投资政策主要是指现金政策、存货政策和信用政策等。

资本预算政策是利益相关者基于长期资产的品种、规模与结构而达成的用以调控和约束代理人资产选择行为的财务政策。每一种资产收益的依存状态是不相同的,利益相关者通过制定资本预算政策使代理人选择满足自己风险偏好与预期收益的资产。

根据资本预算额度的增长率可将资本预算政策分为稳定型、扩张型、收缩型与混合型四种不同的资本预算政策。稳定型资本预算政策是一种保持长期资产规模相对稳定的政策。它适用于财务状态相对比较平稳,资产结构能够满足利益相关者的风险偏好与收益要求的公司。扩张型资本预算政策是一种保持长期资产规模持续增长的政策。它适用于财务状态持续向好,资产结构能够满足利益相关者的风险偏好与收益要求,规模扩张不会影响当前利益相关者的收益状态,而且会吸引更多潜在的利益相关者加盟的公司。收缩型资本预算政策是一种降低长期资产持有比例,调整资产结构的政策。它适用于财务状态波动较大,资产组合风险超出利益相关者承受范围,需要通过出售、转让长期资产等手段调整资产结构的公司。混合型资本预算政策是指对不同的长期资产分别采取稳定、扩张与收缩不同类型的政策。它适用于多元化战略调整的公司。

根据资本配置项目的风险程度划分，资本预算政策又可分为冒险型、谨慎型与保守型三种资本预算政策。冒险型资本预算政策是以追求超额收益为目标，资本的投向选择以高风险项目为主的投资政策，这种政策的特点是高风险高报酬，适用于风险管理能力较强的高成长型公司。保守型资本预算政策则是以追求稳健的收益为目标，资本投向以低风险项目为主的投资政策，这种政策的特点是低风险低报酬，适用于风险管理能力较低的规模维持型公司。谨慎型资本预算政策是介于冒险型和保守型之间的财务政策，以获取平均收益为目标，资本投向以预期风险与预期收益相匹配的项目为主，这种政策的特点是风险与收益匹配程度较好，适用于可持续发展的公司。

短期投资政策是指财务主体对现金及其等价物、存货、应收款项等流动性资产在资产组合中的比例及其余额确定的政策。

现金（包括现金等价物）是风险最小、收益最低的资产品种。由于投资具有一定的不可逆性，虽然持有现金资产要承担一定的机会成本，但是保有一定的现金余额有利于财务主体及时捕获收益水平更高的投资项目。所以，现金政策选择的实质是财务主体关于机会成本与机会收益的权衡。对于经营者、职工和债权人来说，保有高额现金资产比例是有利的，但是，对于所有者来说，将增大机会成本。所以，利益相关者对现金政策的选择标准是不同的，需要不同利益主体通过谈判达成一致。

存货是流动资产中比例较大的一种资产，存货政策是利益相关者对存货余额及其在资产组合中的比例的确定。存货占用资金，公司要承担一定的机会成本、管理成本和短缺成本。存货余额增大意味着成本的上升，所以，所有者与经营者都不希望存货资产占用太多的资金，以降低存货成本。但是，对于债权人来说，存货余额的增大意味着公司偿还到期负债的能力增强，债权人希望公司适当提高存货资产的比例。所以，存货政策的最终选择也是利益相关者相互博弈、讨价还价的结果。

应收款项资产的余额及其在资产组合中的比例与公司的信用政策密切相关，所以，应收款项政策的选择实质上是信用政策的选择过程。信用政策选择要考虑应收账款资金占用水平、市场竞争程度、公司销售状况、客户信用等级与公司信用管理水平等因素。若公司当前应收账款占用少、市场竞争激烈、产品销路差、客户信用等级高、信用管理水平强，则可以实行适度宽松的信用政策。反之，则可实行适度从紧的信用政策。信用政策又包括信用标准政策、信用条件政策与收账政策三个方面。

信用标准政策是为了评价、证实和判断客户的信用状况，用以确定是否给予商业信用或信用程度的政策标准。影响公司选择信用标准政策一般包括客户品质、偿债能力、财务能力、担保与经济状况等因素。客户的品质是指客户过去履行偿债义务，遵守商业信用的品德，是决定能否给予客户商业信用的重要影响因素。偿债能力是公司通过对客户过去偿债情况、未来盈利趋势、当前经营状况的调查分析之后，对客户信用期内的偿债能力做出的评价结果。财务能力是公司通过对客户提供的财务数据资料的分析，而对客户净资产及其获利水平做出的评价。担保是指公司对客户在信用期内所提供的担保单位或担保品信用状况的评价。经济状况则是公司对客户所处财务环境状态的评判及其变化对客户财务运行系统的影响。

信用条件政策包括信用期限和现金折扣两个方面。公司在制定信用政策的过程中，首先，必须确定赊销需要采用的最佳信用期，一般情况下，信用期限越长，赊销的商品就越多，发生的销售收入就越大，取得的利润可能越大，而且坏账损失可能越高。其次，要确定合理的现金折扣政策。现金折扣的实施可以加速应收账款的回收，但是公司要承担现金折扣成本。因此，现金折扣政策的选择要通过分析、权衡因折扣而减少的应收账款资金占用成本与现金折扣成本的大小，选择对公司较有利的政策。

收账政策的选择要宽严适度，如果收账政策过于宽松，可能导致客户拖欠货款额度的增长；如果收账政策过于严格，可能导致公司失去较多的销售机会，影响公司未来的销售和利润的增长。因此，利益相关者必须结合公司的销售增长目标选择适宜的收账政策。

二、筹资政策

筹资政策是利益相关者关于资本筹集的数量、期限、方式而达成的用于约束代理人筹资行为的财务政策。筹资政策包括资本结构政策与筹资来源政策。

资本结构政策是关于资本筹集的数量与期限结构的政策。从产权的角度来看，资本结构是指债权资本与股权资本之间的比例关系，通常用产权比率、资产负债率来表示。从资本期限的角度看，资本结构是短期资本与长期资本之间的比例关系，对此，通常与资产结构相结合进行研究，即营运资金政策的研究。从利益相关者的风险偏好来看，不同资本结构的安排对他们各自影响的结果不同。对于所有者来说，希望提高资产负债率，发挥财务杠杆的作用，提高净资产报酬率；对于经营者来说，提高资产负债率会提高利息支出、增大财务风险，降低经营者对自由现金流量的支配额，增加了经营者的还款压力；对于债权人来说，提高资产负债率会降低公司的偿债能力，增大贷款损失风险。同样，由于利益相关者对资本时间的偏好不同，对资本的期限结构政策选择倾向也不同。所有者希望提高短期债权资本的比例，以降低资本成本，提高净资产报酬率；经营者则希望适度安排短期债权资本的比例，这样，一方面可以降低资本成本，另一方面可以缓解由于过度安排短期债权资本带来的还款压力；债权人则希望在不以牺牲公司偿债能力的条件下安排资本的期限结构。

筹资来源政策包括内源融资政策、外源融资政策和平衡融资政策。内源融资政策是指通过公司收益留成、固定资产折旧和负债自然增长等融资渠道筹集资金的政策；外源融资政策是指通过发行证券、银行借款等渠道筹集资金的政策；平衡融资政策则是指在保持目标资本结构不变的条件下，兼顾内源与外源两种不同渠道筹集资金的政策。内源融资风险小，能够满足保守型的利益相关者的需要；平衡融资政策可以根据利益相关者的风险偏好与预期收益的要求，通过内源融资与外源融资两种渠道资金的组合筹集资金。

三、收益分配政策

收益分配政策是利益相关者对一定时期内形成的经营成果达成的分配政策。收益分配不同于股利分配，前者参与分配的主体是利益相关者，客体是未考虑人工成本的息税前利润；后者参与分配的主体是股东，分配的客体是净利润和留存收益。收益分配政策包括薪酬政策、偿债政策、股利政策。

薪酬政策包括员工工资政策与经营者薪酬政策。员工工资政策是公司利益相关者对职工劳动报酬达成的分配政策。

员工工资政策选择包括固定工资政策、变动工资政策和混合工资政策。固定工资政策是员工的最低工资标准，适用于工作量相对比较稳定的工种；变动工资政策是为了反映员工对公司绩效的贡献程度，适用于工作量变动幅度较大的工种；混合工资政策则是指在为员工提供安全收入的同时，更好地调动员工的工作积极性而采取的工资政策。

经营者薪酬政策是利益相关者对经营者的激励政策。经营者薪酬政策包括工资奖金政策、年薪政策和股票期权政策。工资奖金政策是指每月按照合同支付经营者固定工资，年终按照业绩指标完成情况计提奖金的政策；年薪政策是一种高薪固定工资政策；股票期权政策则是指授予经营者在未来按照合约规定价格购买一定数量公司股票选择权的激励政策。

公司动态财务理论

偿债政策是指债权人与公司之间达成的按照合同规定履约还款，参与收益分配的政策。偿债政策包括偿债基金政策、抵押政策、担保政策与司法政策等。偿债基金政策是为了保证到期能够还本付息，公司按期提取的用于偿还债务的基金；抵押政策是为了保证公司能够按期还本付息，债权人要求公司以一定的资产作抵押才能获取贷款的政策；担保政策是指为了保证公司能够还本付息，债权人要求公司提供具有信用能力的单位，或担保品的偿债政策；司法政策则是指当公司拒不履行偿债义务，或实质性侵害了债权人利益时，债权人通过司法程序而采取的强制执行偿债义务，或债务保全的偿债政策。

股利政策是投资者基于剩余收益而采取的分配政策，根据投资者的不同，股利政策可分为优先股股利政策和普通股股利政策。

优先股股利政策是利益相关者对优先股股东参与剩余分配而达成的收益分配政策。优先股的股利政策一般为固定股利政策，即按照约定的股利率在普通股股利支付之前支付。优先股股利政策的核心问题是如何确定股利率。

普通股股利政策是利益相关者对普通股股东参与剩余分配而达成的收益分配政策。根据是否分配股利可将普通股股利政策分为不分配政策和分配政策两种。根据股利增长情况可将普通股股利政策分为稳定的股利政策、变动股利政策、低正常加额外股利政策与剩余股利政策等内容。根据股利支付方式可将股利政策分为现金股利政策、股票股利政策、实物股利政策、负债股利政策和配股政策等。

四、财务治理政策

财务治理政策是利益相关者关于财务关系治理模式选择的财务政策。财务治理政策包括所有者与经营者之间的财权委托代理关系的治理政策、经营者与经营者之间的财权委托代理关系的治理政

第五章 公司财务政策选择

策、债权人与公司之间债权债务关系的治理政策、职工与公司之间的劳资关系治理政策等。

所有者与经营者之间财权委托代理关系的治理政策包括股东至上的单边治理政策和利益相关者共同治理政策。以英、美为代表的公司体制中，实物资本是衡量权利、自由的唯一尺度，公司是股东投入实物资本创办的，公司财务治理政策崇尚股东至上的单边治理政策。以德、日为代表的公司体制中，虽然强调实物资本的地位，但是并不排斥其他利益主体提供的债权资本、劳力资本与社会资本的地位，公司财务治理政策崇尚共同治理政策。

经营者与经营者之间的财权委托代理关系治理政策包括财务集权治理政策和财务分权治理政策。在科层关系相对简单的公司体制中，经营者往往奉行财务集权的治理政策；在科层关系比较复杂的公司体制中，经营者往往奉行财务集权的治理政策；在含有分公司、子公司的大型集团公司体制中，经营者往往奉行集权与分权相结合的治理政策。财务集权治理政策虽然可以降低代理成本，但是不利于保持应对不确定性因素的灵活性。财务分权治理政策虽然可以保持应对不确定性因素的灵活性，但是又不利于降低代理成本。经营者在选择分权财务治理政策时，需要权衡集权与分权政策的不同代理成本和财务灵活性带来的收益。

债权人与公司之间债权债务关系的治理政策包括经常治理政策和公司治理政策。在债权人不是股东的情况下，债权人对公司的治理主要是公司治理政策，即在债权人认为公司不具备履行偿债能力的条件下，债权人可以启动公司破产程序，达到控制公司财权的目的。在债权人同时又是股东的情况下，债权人对公司的治理主要是经常治理政策，债权人可以以股东的身份参与公司的财务治理。从关系型融资的角度看，债权人即使不是股东身份也具有经常参与公司财务治理的动机，因为债权人只有经常参与公司治理，才能获得是否进一步提供贷款的决策信息。债权人采取何种财务治理政策取决于债务人的财务状态,即是否按期偿债的能力。

职工与公司之间的劳资关系治理政策包括参与治理政策和非参与治理政策。德国和日本比较重视职工对公司经营业绩的贡献,职工对公司具有一定的忠诚度,劳资关系治理政策选择参与治理政策,即职工可以工会组织的形式选出职工利益代表参加公司的董事会和监事会。英国和美国也很重视劳资关系,但是并不赞成参与治理政策,而是以选择非参与治理政策为主。中国的公司法虽然也支持职工的参与治理政策,但是实行职工参与治理政策的公司很少。

与传统的财务政策内容相比,公司财务政策的内容更加强调可供利益相关者选择的财务政策方案以及利益相关者对不同财务政策方案的态度。

第三节 财务政策选择

一、财务政策选择主体

虽然财务政策对利益相关者都产生影响,但是,由于利益相关者对公司控制程度的不同,又可以将利益相关者分为控制型和非控制型的利益相关者。控制型的利益相关者是财务政策选择的主体,非控制型的利益相关者的行为会对财务政策选择的结果产生影响。

根据公司财务状态的不同,利益相关者对财务政策选择作用的强弱不同。在所有者结构中,由于持股比例不同,可将所有者分为控制型所有者和非控制型所有者。控制型所有者持有股份的比例较高而处于绝对控股地位,其风险偏好与预期收益对财务政策选择具有直接作用;非控制型所有者持股比例较低,其风险偏好与预期收益对财务政策选择具有间接作用。经营者是资本所有者的代理人,由于其自身的信息优势和专业优势，对财务政策选择会产生很大的影响，特别是在公司财务状态持续向好的情况下，经营者的态度将影响财务政策选择的结果。债权人在财务政策选择中的作用也因公司财务状态的不同而不同，在公司偿债能力较强，信用状况良好的情况之下，属于非控制型主体，债权人对财务政策选择的影响较弱；在存在风险性负债①的条件下，债权人转变为控制型主体，②债权人的态度直接影响到财务政策的选择。政府对财务政策选择的影响一般是间接的，主要是通过宏观经济政策引导公司财务政策的选择，如产业政策、税收政策对财务政策的影响。但是，由于提高就业率是政府的目标之一，当对经济、金融、社会影响很大的公司处于破产状态时，政府的态度又会直接影响财务政策的选择。如政府对南方证券公司和新疆德隆公司的接管。职工、顾客对财务政策的选择也是间接的，职工根据人才市场的定价机制重新配置自己的劳力，顾客通过产品市场重新选择供货商对财务政策选择产生间接影响。

从公司财产的组织形式来看，由于财产所有权与经营权的依存状态不同，利益相关者所面临的风险状态与预期收益要求不同，他们需要通过财务政策调控资本配置的行为，使公司的风险状态与收益满足自身的要求。

在财产所有权与经营权统一于财产所有者的前提下，财产所有者会根据经营环境的变化及时调整财务政策，使资本配置的风险状态与预期收益满足自己的目标要求。如果所有者对公司的债务承担无限连带责任，此时，债权人有理由相信公司的所有者能够履行债务合约，债权人对公司财务行为进行政策调控的动力明显不足。如果所有者对公司的债务承担有限责任，此时，相当于所有者持有了

---

① 所谓风险性负债是指预期公司不能全部或部分偿还的到期债务。
② 债权人身份能否转变要根据债务合同条款和公司破产法约定的条件是否具备而定。

一份卖出期权合约，当公司处于持续经营状态时，所有者会持有这份期权合约；当公司资不抵债时，公司的所有者会选择履行期权合约，将公司卖给债权人。公司的所有者具有将债权人的资金投放到比债务合约规定的风险更高投资项目上的动机，所有者可以因此获得高风险带来的高回报，而债权人的收益是合同事先约定的固定利息。当这种投资失败时，所有者可以通过选择执行期权合约，将公司转让给债权人，所有者只承担以剩余权益资本为限额的损失，而将其他损失转嫁给了债权人。另外，所有者会选择再次发行债券或银行借款等增大财务风险的方式融资，使原债权人的风险比合同约定的风险增大。在这种情况下，债权人不仅可以通过签订详细的债务合约约束所有者的财务行为，同时，可以通过对所有者财务政策选择行为的干预而达到限制所有者财务行为的目的。此时，财务政策是所有者与债权人相互博弈、共同选择的结果。

在财产所有权与经营权分离的条件下，利益相关者中引入了经营者。之所以引进经营者就是因为经营者的专业知识与风险管理能力的优势，经营者对公司的实际运营情况比较了解，所以，经营者在财务政策选择方面比所有者更有优势。经营者具有自利行为，经营者在选择财务政策时，具有机会主义行为。所以，所有者不能将财务政策的选择权全部委托给经营者代理。在此情况下，财务政策是所有者与经营者之间，以及所有者与其他利益相关者之间相互博弈、共同选择的结果。

二、财务政策选择原则

1. 时间一致性原则

财务目标决定了财务政策选择的结果，财务政策决定了财务行为的取向，财务行为直接影响到财务目标的实现。所以，公司财务政策选择要与财务目标保持时间一致性（Time Consistent）。

国家财务政策要根据国家财务目标选择。国家财务目标是在满足国家作为出资人的风险偏好的前提下，实现出资人的预期收益，预期收益的实现体现在国有资本保值增值指标的完成情况与国有资本对社会经济发展的贡献指标上。随着社会经济体制的改革，国家作为出资人的风险偏好也会发生变化，国家作为出资人的财务目标也需要公司调整。为了与国家财务目标保持时间一致性，国家财务政策也要随之做出公司调整，使国家财务目标与国家财务政策保持时间一致性。

公司财务政策要根据公司财务目标进行选择。公司要根据财务状态的变化确定阶段性的财务目标，公司财务政策选择要以财务目标为导向，与公司的阶段性财务目标保持一致。

私人财务政策的选择要根据私人财务目标选择。预期未来收支的不确定性决定了个人在消费与投资之间的比例的选择。预期的变化导致私人财务目标的变化，私人财务目标的变化导致私人财务政策选择的变化。

2. 相机性原则

公司所处财务状态是变化的，财务政策的选择应根据不同财务状态相机选择。财务政策的选择不仅要与财务目标保持时间的一致性，同时，要与财务状态保持相机性，相机性是时间一致性的必要条件。如图 5-1 所示，在财务状态 i 条件下，要想实现财务目标，必须选择财务政策 i 和财务行为 i；在财务状态 j 条件下，要想实现财务目标，必须选择财务政策 j 和财务行为 j。在明确公司财务目标条件下，正确识别财务状态 (i, j) 是公司选择财务政策 (i, j)，使财务政策与财务目标保持一致的基本前提。

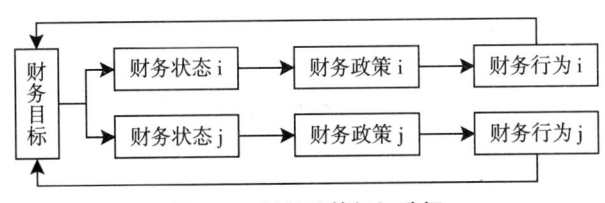

图 5-1　财务政策相机选择

3. 风险与收益权衡原则

财务政策是在风险偏好与预期收益一定的情况下，利益相关者之间相互博弈、共同选择的结果。这种博弈过程包括两个层次：第一，基于外部控制市场的博弈，这个博弈实现过程的实质是利益相关者之间风险收益合同交易的结果。如果现有投资者（股东和债权人）认为公司的财务政策不能满足自己的风险收益要求，就会出售手中的股票或债券；而潜在投资者认为该公司的财务政策能够满足自己的风险收益需要，就会购买现有投资者出售的股票或债券，不同投资者对公司风险收益的不同预期导致了证券（或产权证明）交易的实现。第二，基于公司内部控制市场的博弈，这个博弈过程的实质是利益相关者之间关于风险的分摊过程。每个利益相关者都希望少摊风险，多得收益，为了达此目的，利益相关者会利用自身的信息优势，选择利己的财务政策。在这种情况下，科层较为复杂的集团公司内部的子公司、分公司与部门之间，为了争夺更有利的预算政策，他们会讨价还价，相互博弈，直至实现相对均衡。利益相关者通过外部控制市场和内部控制市场的作用，间接或直接地影响财务政策的选择，直至实现利益相关者风险与收益的匹配。

4. 利益相关者关系协调原则

利益相关者的风险结构与收益结构不同决定了公司财务政策选择的过程就是矛盾冲突与利益关系协调的过程。利益相关者之间复杂的委托—代理关系的存在决定了信息的非对称性，强势利益相关者会根据自己的风险偏好与预期收益选择财务政策，但是，由于利益相关者之间风险结构与收益结构的不同，强势利益相关者选择的财务政策不一定能够满足其他利益相关者的风险偏好与预期收益要求，势必造成利益相关者之间的矛盾冲突。弱势利益相关者会启动公司财务治理机制对强势利益相关者的财务政策选择行为产生影响，以此实现利益相关者之间的妥协与让步，最终达成一致的意见。

三、财务政策选择影响因素

1. 财务状态

理财环境的不确定性因素综合反映为财务状态的波动性。公司财务状态包括公司财务环境状态和公司财务运行状态。公司财务环境状态是对财务系统外部不确定性因素的综合反映;公司财务运行状态是对财务系统内部不确定性因素的综合反映。公司财务状态的评判就是对公司外部与内部不确定性因素的正确评估与预测,是公司财务政策选择的前提。财务政策必须与财务状态相协调才能发挥财务政策的调控与约束作用,使财务行为与财务政策、财务状态保持协调一致。所以,公司财务政策选择必须全面综合分析财务系统的外部、内部不确定性因素,正确评判公司财务状态。

2. 利益相关者的风险偏好与预期收益

风险偏好决定了利益相关者的行为选择。冒险型的利益相关者偏好选择积极的财务政策;中庸型的利益相关者偏好选择稳健的财务政策;保守型的利益相关者偏好选择保守的财务政策。利益相关者的风险偏好也不是稳定的,会受到资本、知识、信息与能力等禀赋状态变化的影响而改变。所以,公司财务政策选择要受到利益相关者的风险偏好的影响。

不同的利益相关者对同样的财务状态会产生不同的预期收益,相同的利益相关者对不同的财务状态也会产生不同的预期收益。预期收益的变化导致利益相关者财务行为选择的变化。对利率上涨的预期,所有者和经营者会选择积极的资本结构政策,适度提高资产负债率,以获得资本利得收益,而债权人则会担心资产负债率的提高而影响公司的偿债能力。对物价持续上涨的预期,利益相关者会选择积极的财务政策,扩大生产,拓展盈利区间,而政府则担心通货膨胀的发生带来经济运行的系统性风险而选择谨慎的财务政策。所以,利益相关者预期收益的变化将影响公司财务政策的选择。

3. 公司财务目标

公司财务目标是利益相关者在充分考虑各自风险偏好与预期收益，正确评判公司财务状态之后而确立的理财目标，所以，公司财务目标反映了利益相关者的风险偏好与预期收益要求，反映了公司财务状态的实际情况。财务政策是财务目标与财务行为的中间状态，一方面要反映财务目标的要求，另一方面要对财务行为提供指导。所以，公司财务目标是影响公司财务政策选择的重要因素。

在资本市场比较发达的资本主义国家，发行股票、债券等是公司的主要融资方式，公司的价值可以通过股票的价格和债券的价格予以标志，财务目标为公司价值最大化。在发展中国家，资本市场处于发展的初期阶段，金融产品的品种比较单一，市场的容量很小，发行股票、债券融资的公司毕竟是少数，财务目标定位为考虑一定风险条件下的利润最大化较为合适。① 公司价值最大化目标导向下的财务政策选择模式受外部控制市场的影响较大，财务政策选择以最大化股东财富为目标。利润最大化目标导向下的财务政策选择模式受公司内部控制市场的影响较大，财务政策选择以最大化利润为目标。

在公司生命周期的不同阶段，财务目标的定位也不同。在初创时期，提高产品（或服务）的销售收入是公司能否生存与发展的关键，财务目标定位为筹资与销售收入最大化较为合适。如全球最大的商业巨头沃尔玛公司最初在深圳设立分公司时，为了扩大市场份额，提高销售收入，而不惜前期投资的亏损以获得市场的份额。在成长时期，公司产品的市场份额逐渐增大、价格比较稳定，公司的财务目标定位为利润最大化较为合适。在成熟时期，公司已经成为知名的公众公司，或有影响的大型集团公司，公司的财务目标定位为公司价值最大化较为合适。在衰退时期，公司面临产业与体制的

---

① 郭复初. 发展财务学的形成与研究内容[J]. 财会月刊（B版），2005（5）.

转型时期,追求现金流量的收支平衡是公司的财务目标。由此,可以看出,在公司不同的发展周期阶段,财务目标的定位是不同的。既然不同发展阶段公司的财务目标不同,财务政策的选择也就不同。

第四节 公司生命周期财务政策选择

一、公司生命周期规律

1989年,美国爱迪思研究所创始人伊查克·爱迪思博士提出了公司生命周期理论。① 他认为公司生命周期是指公司从创办开始,到其消亡为止所经历的自然时间,包括初创期、成长期、成熟期和衰退期四个阶段。马歇尔曾以森林中的树木对公司生命周期作类比:"岁月或迟或早都要对它们发生影响……它们逐渐失去活力。"② 我们的观点是由于公司受经济周期、产业生命周期、资源周期、管理周期以及人的生命周期等因素的综合影响,公司的盈利状况表现出周期性特征,导致公司的发展过程表现出周期性特征。预期盈利导致公司的创建,公司进入初创时期;盈利水平的快速提高,公司进入成长时期;盈利水平由缓慢提高转变为明显下降,公司进入成熟时期;盈利水平的持续下降,公司进入衰退时期。③

1. 初创时期

这一阶段的公司始于两种情况:一是在获得一定专有技术后由个人独资、集体合资或国家投资创建的公司;二是由原有公司接管

---

① 伊查克·爱迪思. 公司生命周期理论 [M]. 北京:华夏出版社, 2004.
② 唐海滨. 公司生命的秘密:兼论与社会科学有关的话题 [M]. 北京:中国经济出版社, 2001.
③ 朱明秀,吴中春. 论产品不同寿命周期阶段的财务对策 [J]. 经济师, 2003 (7).

公司动态财务理论

其他公司而转变成新的公司。处于初创期的公司，其生产设备简陋；拥有一定的生产技术或专有技术；生产规模小，产品市场份额低，固定成本大；公司组织结构简单，生产经营者与管理者合二为一，管理体制采取集权模式；资本主要是股东投入的股本和少量的债务；公司盈利能力低，现金流转不畅，经常出现财务困难。

初创时期的公司经常采用"钻缝隙"策略，在某个产业的细分市场中提供异质产品或个性化的服务。由于公司规模小，正可谓"船小好掉头"，能够快速适应环境的变化。另外，公司的管理习惯还没有形成，各种内部控制制度还没有完全建立，管理机制灵活而富有弹性。

由于初创时期公司的生产技术还不是十分成熟、资本结构中的权益资本比例过大、生产规模小等特点决定了初创公司经营风险和财务风险很高。但是，由于它所拥有的技术具有专用性，产品具有异质性特点，可以弥补市场的不足，所以，初创时期的公司具有高收益的特点。

2. 成长时期

度过初创时期，公司就进入了成长时期。成长时期可分为两个阶段：迅速成长阶段和稳定成长阶段。在迅速成长阶段，公司基本形成了自己独特的产品系列，产品市场份额稳步提高，市场竞争能力逐渐增强，业绩增长速度加快。经过快速的增长和积累之后，市场竞争者增多，产品市场份额增长速度减缓，公司进入了稳步成长阶段。在这一阶段，公司已经接近成熟，是成熟期的过渡阶段。这时，公司在竞争产业中已经有了比较明确的市场定位，为了保持现有的发展速度，公司会不断寻求新的业务，寻求新的利润增长点。公司管理层的决策管理和风险管理的能力较强，分权经营管理模式逐渐得到完善，具有管理经验的职业经理人不断被吸收到公司中来。

3. 成熟时期

成熟时期可分为两个阶段：第一阶段称为成熟前期；第二阶段称为蜕成熟化阶段。这两个阶段最主要的区别在于：成熟前期是骨干公司向大型或较大型公司的演变和发展时期，这一阶段的主要特点是公司内部大多还是单一单位（单厂形式），公司还是企业家式的经营方式，公司内尚未形成成熟的经理阶层。此时，公司通过前向一体化和后向一体化取得了原料和销售的控制权，形成了比较完整的产业链。公司资金雄厚、技术先进，人才资源丰富、管理水平提高；具有较强的生存能力和竞争能力。成熟后期则是大公司向现代巨型公司或超级大公司演变的重要时期，我们把这一阶段称为蜕成熟化阶段。它与成熟前期的最大区别就在于公司内部的多单位和职业经理阶层的形成。此时，公司已经走向内部单位的多元化和集团化，公司能更有效地进行日常业务流程的协调和资源的有效配置，从而促进公司的低速持续成长。但在公司成熟后期，原有产品的市场已经饱和，生产能力出现过剩，公司效益下降，成本开始上升，公司内部出现了官僚主义倾向。为了解决这些问题，使公司重新迈入增长轨道，就需要技术、管理创新，或通过分立、合并、资产重组等形式，使公司完成业务的蜕变和管理体制的改变。

4. 衰退时期

衰退期的公司表现为几种情况：第一种是在成熟前期的公司未实现后期的蜕变而衰退下来；第二种是在蜕变后，公司自然进入衰退期；第三种是经蜕变后，公司成为超级大型公司集团进入新的成长阶段。无论哪一种情况的发生，事实上都说明公司遵循生命周期规律。处于衰退期的公司产品市场份额逐渐下降，新产品试制失败，或还没有完全被市场所接受；管理阶层的官僚主义、本位主义严重、部门之间相互推诿责任、士气低落；出现亏损，股票价格下跌。此时，被竞争对手接管、兼并的可能性增大，公司生存受到威胁。

二、公司生命周期财务特征

1. 初创时期财务特征

由于初创时期公司资信水平低，偿债能力差，资产抵押能力有限，负债融资缺乏信用和担保支持，很难获得银行贷款支持。资金主要来源于创业者的投入和风险投资公司的投入。

初创时期公司的投入多、产出少、现金流转缓慢等特点决定了高风险的特点。但是，公司拥有的新发明、新技术转化而成的新产品又孕育着新的市场机遇，所以，投资项目又具有高收益的特点。

公司小，创业者集投资者、生产经营者、管理者于一身，所谓"小公司做事、大公司做人"，对于初创时期的公司来说，创业者对筹资、投资以及日常财务管理工作都要过问，财务大权完全操控在创业者手中，财务管理体制是典型的创业者财务集权治理模式。

2. 成长时期财务特征

进入成长期的公司所面临的内外部条件发生了一系列的变化。新技术不断成熟、新产品逐渐被市场接受，客户稳定增加，生产销售量提高，产品成本下降，经营风险随着业务量的提高而不断降低。公司对资金的需求量也越来越大，不仅可以利用银行进行间接融资，而且还可以通过发行股票和债券进行融资。

从初创期到成长期，创业者尝到了成功的甜头，从心理行为上急于扩大公司的规模，更富于冒险精神，往往选择比较积极的财务政策。通过提高负债比率，发挥财务杠杆的作用，满足公司成长对资金的需求。在销售策略上，选择有利于客户、扩大市场销售额的销售政策，如放松商业信用条件、提高售后服务、改善产品性能和质量等。收益分配选择少量的现金股利和高比例配股、送股，提高收益留存率，实现高积累、快扩张。

随着公司的不断成长、规模的壮大，公司组织结构逐渐由单层变多层，由简单变复杂。创业者集权财务治理模式不能适应成长期公司发展的需要。公司内部控制制度逐渐完善，对分公司或子公司采取分权管理、预算控制，创业者将经营权不断授权给具有经营管理专长的职业经理人员。创业者对公司的发展战略、业务规划、重大的财务事件进行决策管理，经营者负责具体实施战略、规划和计划，所有权与经营权逐渐发生分离。

3. 成熟时期财务特征

成熟期公司的生产技术、管理比较成熟、产品市场份额稳定，公司盈利水平稳定、现金流转顺畅、资产结构合理，财务状态处于十分稳定的时期。

成熟期公司虽然各个方面都令人满意，但是，存在着市场萎缩、行业生命周期进入萧条的可能。所以，公司存在潜在的经营风险。为了控制公司的总体风险，公司往往选择比较稳健的资本结构政策。投资项目选择比较慎重，不愿投资高风险的项目。股利分配一般以现金形式为主，而且股利支付率相对稳定。

由于市场进入者增多，产品市场趋于饱和，毛利率下降，公司往往选择技术转让、海外扩张，建立分公司、子公司等规模扩张战略。这种跨区域、跨文化的规模扩张，伴随的风险是很大的，包括市场风险、利率风险、政治风险、信用风险等。业务的复杂化给公司管理带来了困难，客观上需要职业经理人员进行实际运作、管理。对于各种风险的管理、项目的分析论证需要有专业知识、实际经验的职业经理人，形成了以职业经理为主的财务治理模式。

4. 衰退时期财务特征

行业的生命周期到了衰退期，产品供大于求，有实力的公司会选择价格下调和更为宽松的信用政策。价格大战，造成公司的盈利下降；商业信用的放款，造成公司应收款项余额增加，公司的坏账损失增加。这时，股票价格开始下跌，发行股票、债券融资十分困难，银行信用贷款收紧，公司筹资能力下降。在公司现金流转不畅、融资困难的条件下，公司的财务状况开始恶化。

衰退时期的公司通过业务收缩、资产重组或被接管、兼并等形式可以延缓衰退，或蜕变为另外一个产业的公司。受业绩压力和来自于证券市场股票价格压力的影响，管理层迫切需要扭转公司财务恶化的局面，实施有效的重组计划和公司兼并计划是衰退时期必然的选择。

三、公司生命周期财务管理策略

1. 初创时期财务管理策略

初创时期，公司最稀缺的是资本，有充足的资本支持是公司打开市场、维持生存的基本条件。创业者必须对公司的生产技术、市场前景、盈利预测进行充分调查、科学论证、正确预测，并将这一系列信息向资本所有者进行及时报告、沟通，以吸引资本所有者追加投资。将创业者的设想向风险资本家推介，争取风险资本家的支持。在公司开始有了盈利记录，而且市场前景开始逐渐明晰，公司应积极准备，争取在创业板市场上发行股票，扩大股本规模。

初创时期，最难的是打开产品的销售市场。公司可以选择直接进入市场，也可以选择寄居进入市场。直接进入市场的难度比较大，需要建立销售网络，销售费用高，定价策略、商业信用策略要保持弹性。寄居进入市场是指通过选择已经进入成长期或成熟期的公司作为寄居体，将公司的产品与寄居体公司的产品搭配销售，或利用寄居体公司的销售网络进入市场。

初创时期，公司的禀赋条件具有不确定性，如产品市场、生产技术、销售网络等方面，包括创业者、员工、销售商在内的利益相关者很容易产生短期行为。为了使利益相关者团结一致，共谋事业，可以将员工的人力资本、销售商的客户资源予以权益资本化，通过谈判设定予以资本化的数额。使初创时期的公司形成一个以创业者为主，多方利益主体共同治理的同盟。

2. 成长时期财务管理策略

新产品成功推向市场之后,销售额会随之增长,公司为了扩大生产,就需要增加投资,以增添机器设备、存货和劳动力,这就需要筹集大量资金来实现公司的规模扩张战略。

适当提高资产负债比率、降低资本成本,实现股东权益最大化。成长时期,公司的业绩稳定,增长较快,适当扩大负债比率,保持资产负债率在50%~60%较为恰当。一方面,负债利息的税盾效应可以降低负债资本的成本;另一方面,可以使股东享受公司成长时期业绩稳定增长带来的股东权益稳定增长的好处。

正确预测公司资金需求量,保持公司快速、可持续增长。成长期公司应正确识别市场机会,适时扩大公司规模,正确预测资金需求量。财务部门应充分利用成长期公司的融资优势,为公司发展提供充足的资金。实现公司的销售增长、利润增长与股东权益增长的有机同步提高。

成长时期的公司也并非一帆风顺,财务政策的选择应留有余地,以应付突发事件或短时期的市场波动带来资金紧张局面。做好客户的信用资料记录,正确评估客户信用,防止信用风险的发生对公司成长的影响。保持现金流转的顺畅进行,加速资金周转,提高资金周转速度。正确核定资产跌价准备金率和应收账款坏账准备金率,防范财务风险的发生。提高研发费用比率,支持技术开发的资金需求,为公司持续增长提供后备力量。扩大固定资产技术改造投资比例,为公司规模扩张提供物质基础。股利分配以分红股、配股为主要形式,扩大留存收益比例。

公司规模的扩张,同时也伴随着组织结构的膨胀,业务链的拉长和组织层级的增多必然造成代理成本的提高,财务集权治理模式已不能适应管理幅度增长的要求。为了适应管理幅度增大的要求,财务权力的适当下移,建立适当分权的财务管理体制,更能激发基层单位的积极性,为公司可持续增长提供体制保障。

3. 成熟时期财务管理策略

成熟时期，公司的财务状态比较稳定，有充足的现金流，为了降低资金的机会成本，可以选择收益有保证的国库券、金融债券进行投资。这样，不仅可以优化资产结构、提高资产收益率，而且还可以在公司急需资金时变现证券化资产，满足公司资金的需要。

成熟时期，公司对外投资增多，对集团公司下属公司的资本管理越来越重要。下属公司有的是附属公司，有的是控股子公司，有的是参股公司。对于附属公司应实行集权管理模式；对于控股子公司应采取股东依法治理的财务模式，可以通过完善公司治理结构，及时召开股东大会等方式有效行使包括重大财务事项的决策权、预算控制管理权；对于参股公司，应采取公司财务治理模式，预期能够稳定获取利润，可以追加投资，否则，应及时转让股权，将投资风险控制在可以接受的范围内。

成熟期的末期，公司的销售由正增长向负增长转变，销售量的下降，必然引起单位固定成本的增加；同时，价格也在不断下降。成本的上升和价格的下降，造成利润的快速下降。为此，公司必须加强成本管理，实现低成本扩张，兼并弱势公司，提高业务量，降低固定成本和变动成本，保持成本领先。

4. 衰退时期财务管理策略

由于产业周期进入衰退阶段，造成销售量的明显下降，给公司现金流造成很大的压力。此时，公司应将闲置不用的固定资产进行变现处理，收缩公司的业务单元。对机构进行精简，降低人工费用和管理费用。处置闲置资产、回收应收账款，使公司的现金流转正常运行。

衰退时期，公司的财务资源必须通过资产重组的方式重新配置，提高优势产业的资源配置比例，维持衰退产业必要的资源，以优化公司的长期资产结构。这样，一方面可以通过进入另一产业获得生机；另一方面可以等待原有产业的复苏，度过困难时期。

总而言之，公司要保持长盛不衰，必须根据公司生命周期的特点选择适应的财务政策，保持财务状态、战略目标、财务政策与财务行为的协调一致。

第五节　经济周期财务政策选择

经济具有周期性变化规律，一般由复苏、繁荣、衰退和萧条四个阶段构成。复苏阶段起始于上一周期的最低点，产出和价格均处于最低水平。随着经济的复苏、生产的恢复和需求的增长，价格开始逐步回升。繁荣阶段是经济增长最景气阶段，投资和消费需求两旺，物价持续上涨。繁荣阶段的最高点是经济周期的波峰，波峰之后，经济进入衰退阶段。经济衰退阶段，社会生产能力过剩、需求萎缩，经济增长速度下降、物价下跌。萧条阶段是经济周期的谷底，供给和需求均处于较低水平，价格停止下跌，处于低水平上。

经济呈周期性变化，而宏观调控目标是经济的平稳增长。因此，当经济处于繁荣阶段时，政府往往会选择加息、收缩银根等货币政策和增加税负、减少财政投入等紧缩性财政政策，抑制经济的过快增长。而当经济处于衰退阶段时，政府则会采取降息、放松银根等宽松的货币政策和降低税负、增大政府投入等积极的财政政策，以刺激经济增长。因此，政府的宏观调控目标与经济周期的运行趋势是相反的，具有逆周期性。这只"看得见的手"始终控制着经济的过快增长或过快下滑，以防止经济的大起大落引发的各种风险。

经济周期性和宏观调控的逆周期性使公司理财具有一定的规律性，不同经济周期阶段，财务政策选择不同。美林证券曾经运用美国1973年4月至2004年7月30多年的资产和行业回报率数据提出并验证了投资时钟理论（Investment Clock）。根据美林证券投资时钟理论中经济增长和通胀的周期性表现，经济周期可以分为四个阶段。第一阶段被称为再通胀阶段，这时整个经济刚结束上一轮的过热和滞涨，陷入冷淡期，货币当局会通过不断减息及其他宽松货币政策来刺激经济，提升价格水平。这个阶段最好的资产是债券，股票类资产中表现相对较好的是金融保险、消费品、医药等防守型股票，表现最差而需要回避的是工业类股票、资本品股票。第二阶段是经济复苏阶段，上一阶段放宽货币供给等政策逐步起作用，经济开始转暖，价格水平开始回归。这个阶段以持有股票为主，尤其是成长型股票，表现最差的资产是现金类或防守类资产。第三阶段为经济过热阶段，此时央行开始加息，紧缩经济。这个阶段表现最好的是大宗商品、资本品、工业类股票、基础原材料，表现最差而需要回避的是债券和金融类股票。第四阶段为滞涨阶段，经济高增长停滞，但通胀仍余威未减，这个阶段现金、货币市场基金是最佳资产类别，防守型投资股票如公用事业类股票也不会错，其余类型资产要全面回避（见图5-2）。

从美林证券提出的投资时钟理论来看，资产投资组合需要根据经济周期不同阶段的更替而相机调整。公司理财与经济周期、宏观调控政策、资本市场、商品市场价格的变化密切相关，因此，公司理财也应根据经济周期不同阶段特征而采取不同策略，根据经济周期阶段的变化规律、经济状态的预测和判断，预调公司财务政策，对公司的投资结构、资本结构进行动态调整，以防范和化解潜在的财务风险。

经济处于繁荣阶段时，市场需求旺盛，投资机会多，公司盈利能力强，股票价格上涨，此时，公司应实施积极的财务政策，通过各种融资渠道和方式筹集所需资金，抓住市场机会，扩大投资规模，以获取足额回报，为公司创造更大的价值。当经济繁荣阶段处于波峰时，公司的股票价格往往会被严重高估，此时，发行股票筹

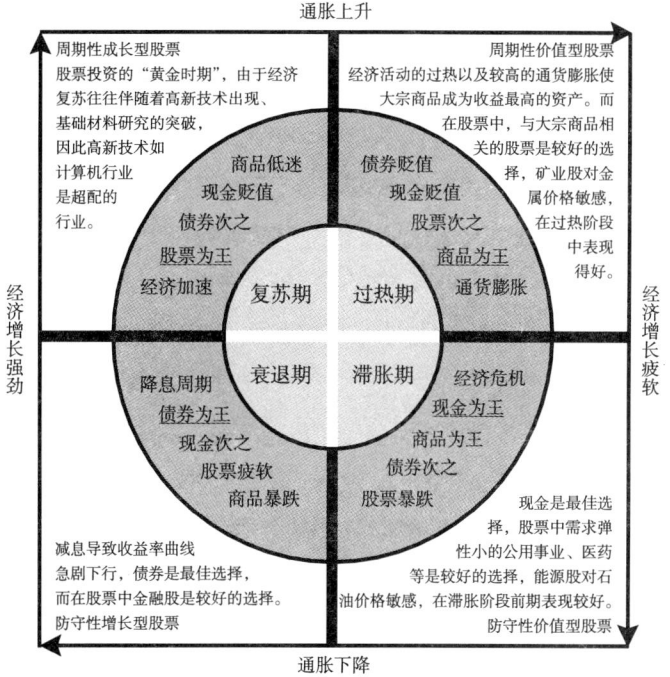

图 5-2 投资时钟

集资金对原股东有利，公司应抓住牛市时机，发行股票，筹集资金。如 2007 年下半年，中国乃至全球经济运行到了最高点，上证综合指数最高达到 6124 点，100 元以上的股票比比皆是，此时，发行股票可以卖出好价钱，而且有利于提高公司在经济衰退时期的抗风险能力。

经济处于衰退阶段时，市场需求下降，投资风险较大，公司盈利能力下降，股票价格大幅下跌，此时，公司应及时调整财务政策，将经济繁荣阶段积极型财务政策调整为防御型财务政策。及时清理库存，降低存货量，提高资产的流动性。调整资产结构，对于产能过剩的生产线，应转产其他产品，或予以变现；增大新技术、新产品研发力度，以把握下一轮经济周期中潜在的市场机会。调低目标资本结构中的负债比例，降低杠杆程度，以应对经济衰退阶段金融市场可能出现的严重流动性短缺。如发生在 2007 年下半年至

2008年的全球性金融危机造成流动性严重短缺，许多金融机构面临巨大财务风险，甚至是破产。其主要原因是经济繁荣阶段的杠杆程度过高，在经济衰退阶段对经济与金融形势认识不清，没有及时调整财务政策，或没有采取有效的财务管理措施造成的。

经济处于萧条阶段时，市场需求不旺，投资具有很大不确定性，公司盈利能力很难有明显的改善，股票价格处于较低的水平。此时，经济处于最艰难的时期，公司应狠抓成本控制、加强技术研发和新产品开发。通过压缩成本，提高公司的盈利水平；通过技术创新和新产品开发拓展新兴市场，寻找新的盈利机会。加强流动资金管理，奉行稳健的营运资金政策，加强信用管理，及时收回货款，减少存货占用资金，以提高流动资金周转速度。

经济处于复苏阶段时，市场需求逐渐增加，投资机会逐渐显现，公司盈利能力有所增强，股市回暖，股票价格渐渐走出低谷。经过经济衰退和萧条之后，公司具备了抵御风险的免疫力，此时，公司应奉行稳健偏积极的财务政策，及时把握新一轮经济周期中出现的投资热点和投资机会，适度提高资产负债率。

第六节 产品生命周期财务管理策略

受材料、技术、消费者偏好等因素变化的影响，产品生命周期一般经历导入期、成长期、成熟期和衰退期四个发展阶段（见图5-3）。由于每个发展阶段产品的性能、质量、技术含量、市场竞争力不同，产品的成本、销量、价格以及相关现金流量不同，为了保证利润的持续稳定增长，在不同产品生命周期阶段，公司往往采取不同的财务管理策略。

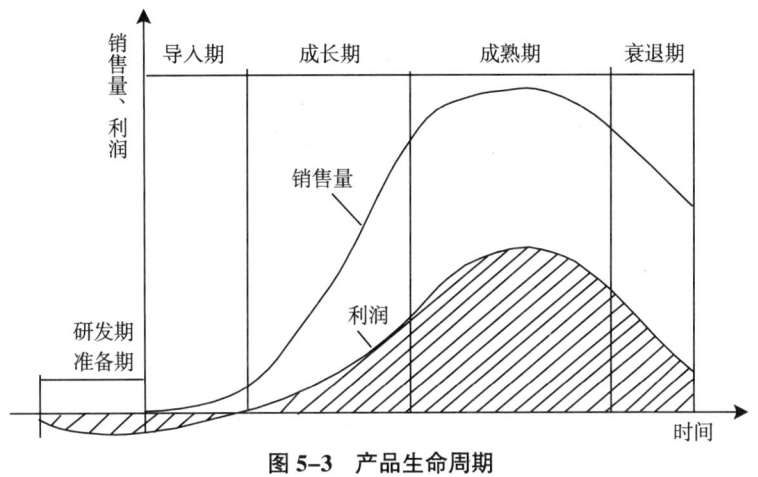

图 5-3 产品生命周期

一、产品导入期财务管理策略

1. 导入期产品的特点

在新产品投向市场的初期,产品的性能、质量、价格极不稳定,进入市场非常缓慢,技术、质量有待进一步提高。顾客对新产品知之甚少,接纳新产品需要有一个认知的过程,产品生产量少,生产过程中由于生产技术和操作工人不熟练,产品损耗增加,导致生产成本增加,不过,生产所必需的条件已基本具备。此阶段由于产品订单较少,生产量受到限制,固定生产成本较高,单位产品的生产成本处在一个较高的水平。另外,导入期产品的销售价格定位不稳定,通常处于较低的价位,毛利通常很小,甚至为负值。为了生产,公司需要建造厂房、购置设备等固定资产,资本支出较大,而产品的销量很小,销售收入不大,产品的市场推广费用较多。

2. 导入期产品的财务管理策略

导入期产品的财务特点是资本投入大、产品销量小,因此,需要筹集大量的资本。由于产品规模很小,固定成本较高,产品的毛利较小,经营风险较大。对于新创建的产品单一的公司来说,由于导入期的利润很少,市场信用尚未建立,通常采取股权融资方式,

公司动态财务理论

即股东投入或吸引新的投资人、风险投资公司入股,以满足新产品投产对资金的需求。对于在原有产品的基础上开发新产品的公司来说,可以根据目标资本结构的要求灵活选择内源融资或外源融资,内源融资以留存收益为主,外源融资可以选择发行股票、债券,或吸收新的投资人投入资本等不同方式。由于是新产品,消费者还不了解,应实施积极的信用政策,鼓励消费者购买、试用,以逐渐提高市场份额。新产品在导入期往往不赚钱,因此,新产品项目的利润分配政策往往采取不分配政策。

二、产品成长期财务管理策略

1. 成长期的产品特点

随着新产品设计和工艺流程的渐趋完善、各项生产性能的稳定,新产品逐渐被消费者所接受,销售额呈递增趋势,规模效应逐渐显现,产品单位成本下降,公司毛利增加。从产品生命周期曲线上看,成长期产品销售量增加较快,利润由负转正。但是,由于市场份额正逐渐提升,产品盈利能力也逐渐增强。

2. 成长期产品的财务管理策略

进入成长期之后,产品的生产、技术、销售等业务环节都进入了良性运作状态,新产品项目的现金流基本上能够达到收支平衡,到了成长期的后半阶段,现金流量状态得到持续改善,新产品项目开始赚钱。随着市场份额的扩大,公司原来的生产能力可能不足,为了抓住市场机会,公司应奉行积极的资本结构政策,适度扩大负债比例,增大固定资产投入,抓住商机,以迎接将要到来的市场需求旺盛时期。这一时期,项目规模扩张需要更多的资金,因此,留存收益比率偏大,公司支付股利往往采取股票股利的形式。为了保持公司可持续发展,保持目标资本结构,公司往往按照留存收益的一定比例负债融资。

三、产品成熟期财务管理策略

1. 成熟期产品的特点

成熟期产品已逐步满足市场需要,同时,与之相竞争的新产品逐渐进入市场,使产品销售量趋于稳定,有时呈现上下波动状态。这一阶段也可划分为两个时期:前期销售稳定上升,称为成熟期;后期销售稳定下降,称为饱和期。在成熟期前一阶段受市场销售的拉动,生产批量大,产品成本低,利润已达到最高点。随着同类产品进入市场,在成熟期后一阶段,产品竞争激烈,价格开始下降,产品毛利开始下降。

2. 成熟期产品的财务管理策略

通过成长期的营销策略,产品在市场上已具有稳定的地位和一定的市场份额,企业的现金收入和经营活动达到了最佳状态。此时,产品市场需求已达到饱和状态,再靠扩大销售量来获取利润已非常困难,降低成本是公司保持竞争优势的主要策略。另外,竞争对手进入市场,但是市场份额相对较低,其他新产品市场地位尚不稳定,此时,降低价格也是重要的竞争策略。通过降价,产品毛利虽然有所降低,但是能够维持市场地位,保证市场份额不减少,同时,挤出新进入市场的竞争对手,巩固自身的竞争地位。产品到了成熟期,现金流比宽裕,公司应加大新技术的研究和新产品的开发,以保证新旧产品的正常更替。

四、产品衰退期财务管理策略

1. 衰退期产品的特点

产品进入衰退期,市场上已有新的竞争产品出现,并逐渐蚕食市场份额,产品销量逐渐下降。此时,公司一方面积极研发新产品;另一方面又要有计划地将老产品从市场上撤出,以完成新老产品的更替。具体表现为老产品的科研投入减少,直至取消,广告支出减少，促销费用压缩，销售价格降低。同时，加大新产品的研发投入、增加生产新产品的设备投入，为新产品的试制及小批量生产做好准备。

2. 衰退期产品的财务管理策略

加速资本回收，包括生产流水线上占用的流动资金和陈旧机器设备的残值变现。对工人和技术人员进行培训，以满足新产品生产所需要的新的技术工人。

第七节 公司财务政策选择案例分析

一、"深万科"稳健财务政策选择

财务政策选择与公司价值是密切相关的，根据财务环境的变化选择最大化公司价值的财务政策是实现公司理财目标的关键环节。如果能够科学有效利用各种财务政策，则财务政策选择可以创造价值。如深万科（000002）公司通过财务政策的合理搭配与协调，在股本不断扩张的条件下，公司的盈利能力稳中有升，每股收益仍然保持在一个相对稳定的水平上，为股东创造了巨大的财富。反之，如果财务政策选择不当，虽然短期内获利能力较强，但可持续性能力较差，一旦财务环境发生转变，极有可能引发财务危机。如宝硕股份在行业景气程度未发生根本性变化的条件下，由于信用政策、资本结构政策、投资政策选择不当，最终导致资金链的断裂和财务危机的发生。本书以万科公司1996~2006年度财务政策选择为例论证了财务政策选择对公司持续价值创造的影响。

1. 深万科公司概况

"深万科"是万科公司股份有限公司的简称，公司的前身是

1984年5月成立的"深圳现代科教仪器展销中心",1988年,经股份制改造后更名为"深圳现代公司有限公司",1988年11月经深圳市人民政府批准在深圳现代公司有限公司的基础上重组为股份有限公司并更名为"深圳万科公司股份有限公司"。1988年12月28日,公司首次向社会公开发行A股股票,并于1991年1月29日在深圳证券交易所挂牌交易。1993年4月,首次发行B股股票,同年5月28日,"深万科B"上市。经过20多年的发展,公司已经由一家主营房地产、投资、商贸、工业、娱乐与广告的多元化公司发展成为专注于住宅开发与经营的专业化房地产公司。2006年,公司实现房屋销售面积322.8万平方米,销售金额212.3亿元;结算项目面积289.6万平方米,结算收入176.7亿元;完成新开工面积500.6万平方米,竣工面积达327.5万平方米;实现主营业务收入178.5亿元,净利润21.5亿元。与其他房地产公司相比,万科已经成为中国房地产公司的龙头老大;万科的经营理念和管理模式已成为中国房地产公司的标杆。

2. 股东财富最大化是公司财务政策选择的目标

万科作为一家发行A股、B股的房地产类上市公司,在其前十名股东构成中,除了控股股东华润股份有限公司持有14.54%的股份外,其他股东均为持股比例较小的中外机构投资者,形成了包括控股股东、战略投资者、机构投资者在内的相互制衡的股权结构。在这样的股权结构下,公司财务政策、财务行为的选择必然以股东财富最大化为目标导向。为了充分利用财务资源,发挥竞争优势,公司由多元化的投资政策转变为专业化投资政策。在房地产行业景气程度回升,行业利润率不断提高的条件下,公司适时调整了稳健的资本结构政策,适度提高资产负债率,资本结构政策向积极主动型转变。负债融资虽然增大了风险性负债发生的可能和经营者管理的难度,但是,财务杠杆和利息的抵税效应却给股东带来了高额回报。与许多上市公司不分配的股利政策相比,公司长期一贯奉行回报股东的股利分配政策,现金分红、送红股、转增股等不同股利分配形式的搭配为股东带来了巨大的财富效应。无论从投资政策、资本结构政策、股利政策的选择,还是各种财务政策的搭配与协调,无不体现公司股东财富最大化的理财目标。

考察反映股东财富最大化目标的净资产报酬率指标(具体见表5-1)发现,1996~2000年公司的净资产报酬率始终保持在10%左右,2001~2003年,该指标上升到11%左右,2004年,随着房地产行业景气度的提高,该指标又上升到14.16%,2005年最高达到16.25%。但是,随着国家对房地产行业调控政策的实施,原材料价格的上升,2006年,公司的盈利水平又下降到14.48%。1996~2006年,万科公司的平均净资产收益率为12.05%,始终保持稳中有升的盈利能力。持续稳定的盈利能力不仅满足了投资者对财富增长的追求,而且反映了万科公司经营者对股东的责任和适时调整财务政策的能力。

表5-1 万科公司 2001~2006 年财务指标

年份	净资产报酬率	资产负债率	收益留存率	利润分配	股息	每股收益
1996	11.23%	61.54%	21.28%	10 送 1.5 派 1	1.0	0.470
1997	10.20%	53.67%	40.98%	10 送 1 派 1.5	1.5	0.366
1998	10.17%	50.77%	25.06%	10 送 1 派 1	1.0	0.399
1999	10.95%	53.43%	35.71%	10 派 1.5	1.5	0.420
2000	10.32%	48.31%	16.77%	10 派 0.8	0.8	0.477
2001	11.96%	51.81%	33.78%	10 派 2	2.0	0.592
2002	11.31%	58.81%	33.00%	10 转 10 派 2	2.0	0.606
2003	11.53%	54.92%	12.89%	10 送 1 转 4 派 0.5	0.5	0.388
2004	14.16%	59.42%	38.86%	10 转 5 派 1.5	1.5	0.386
2005	16.25%	60.98%	41.32%	10 派 1.5	1.5	0.363
2006	14.48%	64.94%	30.43%	10 转 5 派 1.5	1.5	0.493

3. 投资政策选择

深万科成立之初采用的是多元化发展战略,其业务包括贸易、商业、工业制造以及大众传播等。万科介入房地产行业是在1988

年，借助 IPO 募集到的资金开始进入房地产行业。1992 年，万科正式确定以居民住宅开发为核心业务，开始对其房地产业务进行异地扩张，并在随后的 10 年中逐步对非房地产业务进行整合。到 2001 年万科完成了对全部非房地产业务的剥离，完成了由多元化向专业化的转变，发展成为专一的房地产开发公司（具体过程见表 5-2）。2001 年之后，万科公司一方面通过不断加大土地储备投入，积极拓展房地产开发投资项目，实施内含式扩张；另一方面通过收购兼并房地产公司，实施外延式扩张。

表 5-2 深万科 1984~2001 年投融资情况

年份	投融资事件
1984	公司前身现代科教仪器展销中心成立，经营办公设备、视频器材的进口销售业务
1987	兴办第一个工业投资项目"精时公司有限公司"，改整机进口为散件引进，国内组装、销售
1988	公开募集社会股金 2800 万元，其中 1000 万元为特别人民币股，由境外投资者购买。定名为"深圳万科公司股份有限公司"。分别与美国富兰克林铸币公司等兴办了 3 家来料加工厂，以 2000 万元的价格投标买地，开始进入房地产业
1989	投资连锁零售、电影制片及激光影碟等领域，初步形成了商贸、工业、房地产和文化传播的四大经营架构
1991	确定综合商社的发展模式
1992	房地产业务开始进行跨地域经营，项目进入国内 15 个重要城市
1993	放弃以综合商社为目标的发展模式，确立城市居民住宅开发为公司的主导业务。变更公司名称为"万科公司股份有限公司"
1994	增持万佳百货股份有限公司股权由 40% 增至 60%
1996	转让持有的深圳怡宝食品饮料有限公司股权。合并下属精品制造公司为万科精品制造有限公司
1997	增持万佳百货股份由 60% 增至 68%。转让深圳万科工业扬声器制造厂及深圳万科供电服务公司
1999	成立万科建筑研究中心
2000	中国华润总公司成为公司第一大股东，持有万科总股本的 15.08%
2001	转让深圳万科精品制造有限公司 100% 股，转让深圳市万佳百货股份有限公司股权，公司的专业化战略调整完成

资料来源：公司公告、华林证券研究所。

4. 筹资政策

1996~2003 年，在公司盈利能力较为稳定的情况下，公司的资产负债率始终保持在 50% 左右，资产负债率基本符合理论取值范围，财务运行处于安全区域。2004年，房地产行业出现拐点，公司盈利能力进一步提高，为了抓住机会，扩大规模，2004年9月，公司发行了初始转让价格为人民币5.48元、期限为5年的可转换债券，共筹集资金199000万元，致使当年末资产负债率升至59.42%。由于公司A股股票自2006年1月4日至2006年2月21日，连续28个交易日中累计20个交易日的收盘价格高于可转换债券的行权价格，可转换债券的债权人全部行使了转换权，有效化解了资产负债率过高带来的财务风险。2006年，公司又向华润股份有限公司等10家发行对象，非公开发行400000000股A股股票，共募集资金42亿元。即便如此，公司2006年度的资产负债率仍高达64.94%，处于历年最高水平，财务运行处于理论警戒区域。

2007年8月24日，万科公开增发317158261股，发行价格为31.53元，扣除发行费用，募集资金净额为993660万元。截至2007年9月30日，公司的资产负债率仍为69%。在公司盈利能力较强的条件下，适当提高资产负债率，不仅可以有效利用利息的抵税效应，降低资金成本，发挥财务杠杆作用为股东创造更大的价值。而且，资产负债率提高还对经营者具有激励和约束作用，有助于降低股东与经营者之间的代理成本，提高经营效率。资产负债率提高也会带来不利影响，在利率预期提高、房地产调控政策效力不断显现的条件下，过度依赖负债实现规模扩张，会削弱公司抵御风险的能力，容易引发资金链的断裂，破产成本提高。

5. 股利政策

1996~2006年，公司奉行剩余股利政策，导致历年收益留存率波动较大。公司以送红股、转增股和现金分红的利润分配形式为主。由于公司净资产报酬率较高，股东更愿意将利润留给公司继续使用，因此，现金分红虽然每年都有，但是所占比例很小。送红股和转增股是公司股利分配的主要形式，自2002年公司推出10转10派2的丰厚股利分配方案之后，公司又于2003年推出了10送1

转 4 派 0.5 的股利分配方案,2004 年推出了 10 转 5 派 1.5 的股利分配方案,2006 年推出了 10 转 5 派 1.5 的股利分配方案(具体情况见表 5-1)。之所以选择连续高比例的送股、转增股,是因为公司所处行业的成长性和公司未来盈利能力能够支撑股价进一步上升。虽然送转股会稀释每股收益,但是成熟的管理理念和稳健的经营策略为公司持续高成长提供了保障,公司经营业绩稳中有升,市场价值不断提高。

6. 激励政策

在资产负债率较高的条件下公司仍能保持可持续增长的盈利能力,这对经营者提出了更高的要求。为了约束和激励经营者,公司实施了以平衡计分卡为核心的组织绩效管理政策。根据平衡计分卡的思想,高级管理人员的业绩考核在公司中长期发展战略目标的基础上,根据年度目标的完成情况,分别从公司财务、客户、内部业务流程和员工学习与发展以及公司可持续发展等多个纬度进行考评。董事会薪酬与提名委员会负责研究并监督对公司高级管理人员的考核、激励、奖励机制的建立与实施。公司总经理的经营业绩由董事会进行考核。其他管理人员薪酬由公司根据当年经营业绩、整体管理指标完成状况以及考核评估情况,并考虑同行业收入水平后确定。每一管理年度,公司通过年度述职会议对高级管理人员进行考核。对于公司总部高级管理人员,主要考察公司整体业绩状况、管理人员的岗位价值以及相对于岗位职责要求的绩效完成状况。

为了鼓励中高层管理人员进一步提高公司盈利能力,公司还实施了卓越盈利能力特别奖励政策。卓越盈利能力特别奖以净资产报酬率(ROE)为考核指标,如果当年 ROE 超过 15%,则以高于 15% 的部分所对应的净利润为基数,计提 10% 的奖励额度,一年之后,再将这些奖金奖励给万科中高级管理人员和有重大贡献的员工。

为了进一步完善激励与约束机制,公司参考境内外实施股权激励的经验,结合自身的特点,制定了首期(2006~2008 年)限制性股票激励计划。限制性股票激励计划的实施建立起股东与经理人团队之间的利益共享与约束机制,将公司利益、股东利益和经理人团队的利益更紧密地结合在一起,进一步完善了公司治理结构,有利于公司平衡短期利益与长期利益,激励持续价值的创造,有助于公司吸引与保有优秀人才,增强公司竞争力,保证长期稳定发展。

7. 评价与借鉴

深万科公司投资政策、筹资政策、股利政策和激励政策的搭配与协调为公司可持续价值创造提供了有力保障。公司投资政策由多元化向专业化转变,不仅及时捕捉了中国经济高速增长带来的房地产投资机会,而且较早培育了房地产竞争优势,树立了"万科"市场品牌。由于房地产是资金密集型行业,市场的开拓和公司的规模的扩张需要大量的资金,公司及时调整筹资政策,由稳健型向积极型转变,充分利用资本市场发行股票、债券筹集资金,及时满足了公司投资规模扩张带来的资金需求。公司规模扩张的过程中,回馈给股东的是高额利润,每年公司都有现金红利分成,而且在公司高增长阶段,还有大比例的送转股,充分体现了股东财富最大化的财务政策选择目标。财务机制的健康、高效运转,需要有精明强干的经营者,为了留住人才、鼓励人才,公司制定了与其他财务政策相适应的激励政策,极大调动了经营人员的积极性。其不足之处在于,2006年底,公司资产负债率偏高,在房地产调控政策不断加强的情况下,公司面临较高的财务风险。不过,公司可以利用资本市场持续向好的有利时机,发行股票筹集资金,降低资产负债率,进一步提高公司抵御风险的能力。

万科公司作为中国房地产公司的标杆,对于其他公司的借鉴意义在于:

深万科由多元化投资成功转向专业化投资,充分利用有限财务资源做大做强房地产业务,培育自身竞争优势。与之形成鲜明对比的是,有的上市公司经营业务跨多个行业,严重分散了财务资源,结果在任何一个行业也没有形成独特的竞争优势，公司经营很快陷入困境。因此，盲目多元化投资是公司的大忌。公司投资首先应明确自身能够做什么，做自己最擅长的，横向多元化投资需要有核心技术平台支撑，纵向多元化投资要符合公司的价值链战略布局。

在公司可持续盈利能力较强、不享受所得税税收优惠的条件下，公司应适当提高资产负债率，利用利息抵税效应，充分发挥财务杠杆作用，从而达到为股东创造更大价值的目的。然而有的上市公司净资产收益率虽然很高，但资产负债率却很低，除了行业影响因素之外，不可否认的是公司治理结构不完善、财务管理能力较弱。因此，上市公司要逐渐完善公司治理结构，降低股东与经营者之间的代理成本，提高财务管理能力，才能为股东持续创造价值。

上市公司应合理设计财务政策，科学搭配、协调财务政策，以股东财富最大化为财务政策选择目标。万科公司连续丰厚的股利分配政策、合理有效的投资政策、筹资政策、激励政策都充分体现了股东财富最大化的理念。与之相反，有的上市公司无论公司经营好坏，总是"铁公鸡过年——一毛不拔"，不分配现象在中国资本市场上是常见不怪的现象。股权分置改革之后，这种不分配现象虽然有所好转，但是仍然存在毫无道理的不分配现象。随着中国证券市场的规范与成熟，股东财富最大化理念会受到投资者的追捧，不分配的上市公司会遭到投资者的抛售。因此，上市公司财务政策选择应以股东财富最大化为导向，这样才能够实现投资者与公司现金流的互动，上市公司可以根据需要筹集所需资金，而投资者可以得到预期报酬。

二、"华源股份"激进财务政策选择

财务政策的风险偏好与公司增长模式是密切相关的，保守的财务政策能够满足公司低速增长的资金需要，中庸的财务政策能够满足公司可持续增长的资金需要，激进的财务政策能够支撑公司超速增长的资金需要。虽然不同的财务政策决定了公司不同的增长速度，但是不同的增长速度所蕴藏的风险不同。低速增长公司的财务风险较小，但经营风险较大；超速增长公司的财务风险较大，经营风险相对较小，如果财务风险控制不当，财务风险又会加剧公司的经营风险；可持续增长公司的财务风险和经营风险较容易控制，通过有效的财务政策搭配，能够在风险可控的条件下保持公司的增长。虽然不同的公司在不同的发展时期会选择不同的财务政策、不同的增长模式，但是许多公司的财务危机源于激进的财务政策和超速增长。如受华源集团超速增长引发的财务危机的影响，以及"华源系"直接控股公司自身的原因，ST 源药（600656.SH）、ST 源发（600757.SH）、*ST 华源（600094.SH）和 *ST 凯马 B（900953.SZ）自 2005 年以来陆续陷入财务危机。为了化解华源集团及其控股公司的财务危机，2006 年通过国资委股权划拨和一系列收购，中国华润总公司间接持有中国华源集团有限公司 70%的股权，华源系在华润总公司的主导下拉开了重组的大幕。其中，ST 源发和 *ST 华源因其巨额负债而使得重组进程十分缓慢，最终，*ST 华源不得不采取破产重整方式，如果债权人、出资人不能就重组方案达成一致，*ST 华源将破产清算。翻阅 2000 年以来 *ST 华源的财务报告不难发现，公司之所以会陷入财务危机，与其一贯奉行激进的财务政策有关。

1. 激进的资本结构政策

如果以资产负债率作为衡量公司资本结构政策取向的指标，从图 5-4 可以看出，华源股份资产负债率从 2000 年的 48%上升到 2007 年的 153%，所奉行的是激进的资本结构政策。在这种政策之下，公司同期毛利率却从 19%下降到 3%，净资产报酬率从 2000 年的 5%下降到 2005 年的-2%，2006 年和 2007 年，公司已经资不抵债，净资产为负值。资产负债率的节节上升与盈利能力指标的逐年下降形成了鲜明的对比。

根据资本结构权衡理论，在公司盈利和有所得税税负的情况下，资产负债率在一定区间内上升会提高公司的价值，当资产负债率达到最优点之后，如果进一步提高，会增大公司的破产成本，此时，公司的价值将折损。华源股份作为一家纺织类上市公司，属于劳动密集型行业，行业平均利润率并不是很高，其最高资产负债率应控制在45%~55%比较合理，而该公司自2002年起，资产负债率已高达60%以上。这种激进的资本结构政策在使公司承受严重财务风险的同时，也加剧了公司经营风险的进一步恶化。当财务风险和经营风险累积到一定程度时，公司破产是其必然结果。

但是，从自由现金流理论观点来看，高负债将会大大降低经营者可支配的自由现金流量，将降低所有者与经营者之间的代理成本。由此推知，股东是激进资本结构政策决策的关键主体，华源股份的控股股东为华源集团，而华源集团旗下直接控股四家上市公司，间接控股三家上市公司，具有超强的资本市场融资能力。或许正是因为如此，华源股份的控股股东才敢于将资产负债率提高到55%以上。但是，由于集团公司并购扩张速度太快，资金需求量太大，造成集团公司资金链断裂，最终酿成华源集团及华源股份濒临

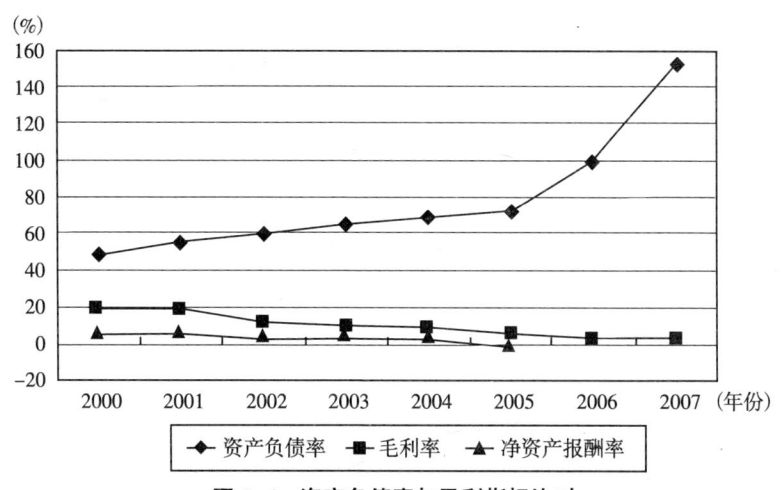

图5-4 资产负债率与盈利指标比对

破产的结局。

2. 激进的营运资金政策

通过 2000~2007 年公司流动资产与流动负债的对比发现（具体见图 5-5），除了 2000 年以外，其他年度公司的流动负债都高于流动资产，特别是 2003~2007 年，这种现象更为严重。由此推知，公司奉行激进营运资金政策的结论，与流动负债相匹配的资产除了流动资产之外，还存在大量的长期资产。

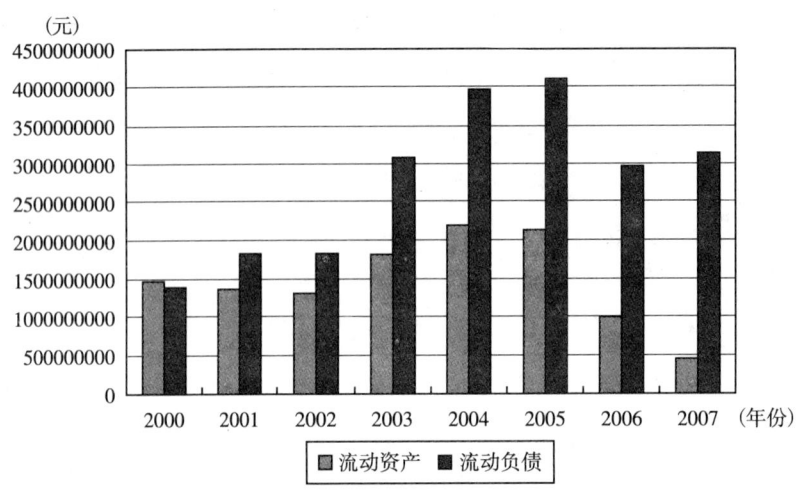

图 5-5 华源股份流动资产与流动负债比对

这种激进的营运资金政策表现最为突出的是 2004 年和 2005 年，流动负债规模 2004 年达到 39 亿元以上，2005 年达到 41 亿元以上，而同期流动资产只有流动负债的 50% 左右，截至 2007 年底，公司的流动负债是流动资产的 6.9 倍，公司财务风险充分暴露出来。这种政策安排，从表面上看，有利于降低公司的资金成本，但是由于短期负债期限短，公司还本付息压力大，要求公司短期内具有很强的融资能力、资产变现能力和资金周转快速能力，因此，潜伏的不能支付到期债务的风险很大。

那么，在这种情况下，银行为何愿意放贷呢？华源集团是中央大型公司，华源股份作为华源集团的子公司，可以通过集团公司及其他控股子公司担保获得贷款，或以公司资产抵押（质押）的形式获得银行贷款，这样，银行的放贷风险较小。另外，从营销的角度来看，银行也不愿意轻易放弃这样的大客户。因此，在出现无力还贷、财务风险暴露时，公司拥有或控制的资产被银行拍卖或申请破产，正常的生产经营受到严重影响，直至被迫终止，财务风险扩散到经营层面，加剧了公司的经营风险。

3. 激进的负债结构政策

负债规模只能反映公司的负债水平，而负债期限结构反映了公司集中到期还本付息压力的大小。如果大批负债集中在某一个时期到期，将使公司承受巨大的偿付压力，操作不当，甚至会导致公司破产。从华源股份 2000~2007 年度的流动负债与长期负债的比对图来看，公司的负债结构中以流动负债为主，长期负债为辅。2000~2005 年，公司的流动负债呈逐年上升趋势，占负债总额的比例也逐渐提高。这种严重畸形的负债结构所带来的风险在 2006~2008 年中逐渐显现出来，债务集中到期，银行逼债，公司生产经营受阻，再融资能力丧失殆尽，公司生存岌岌可危。

我国公司负债结构中以短期负债为主的现象较为普遍，其主要原因除了商业银行对长期贷款审批手续繁琐，要求条件较为苛刻之外，与公司财务规划不到位，财务管理缺乏战略性考虑有关。具体到华源股份上，该公司除了上述原因之外，为了渡过暂时财务危机，公司临时性安排短期负债造成负债规模越来越大是其重要原因，正可谓"拆东墙补西墙洞越补越大，借新债还旧债债越还越多"。

4. 激进的投资政策

公司的投资政策可以通过对内投资和对外投资实现，华源股份主要通过对外投资实现规模的扩张。从财务的角度看，经营活动现金流和融资活动现金流是制约公司投资的主要影响因素。从华源股份 2000~2004 年的现金流量比对图来看，公司的主要投资资金来源于融资活动产生的现金流，而公司融资活动现金流的主要构成是负债融资产生的现金流。因此,公司的投资政策是偏激的,由于长期投资的资金回收期较长,而公司安排的负债主要是短期负债,这种融资与投资的错配关系造成资金短缺,入不敷出,最终导致财务危机的爆发。

5. 激进财务政策下财务风险的控制

财务政策选择必须考虑公司生命周期、行业景气周期、宏观经济周期所处的阶段。在周期的上升阶段,公司的盈利能力不断增强,现金周转循环较快,及时将财务政策由保守向中庸、激进方向调整,这种调整策略有利于公司把握市场时机,及时扩张。在周期的下降阶段,公司盈利能力逐渐下降,现金周转循环速度放慢,此时,应将财务政策由激进向中庸、保守方向调整,这种调整有利于公司规避资产损失。在周期的盘整阶段,在未来经济发展趋势不明朗之前,公司的财务政策应趋于稳健或保守,使公司的财务政策更具有弹性。在公司对未来经济发展趋势做出明确判断之后,公司应及时调整财务政策导向,抢占市场先机。这样,才能够做到财务政策预周期性因素的协调一致。如若不然,财务政策始终一贯,会使公司丧失最佳发展时机,甚至遭受巨大的财务危机。

公司选择激进的财务政策意味着承受巨大的风险,如果操作不当,或稍微疏忽,就有可能造成全盘皆输。因此,为了充分有效利用公司的资金,公司必须对资金实行集中管理模式。实行这种模式,公司可以对现金流实施实时监控,及时发现可能存在的问题,及时采取措施,将财务风险控制在萌芽状态。相反,如果实施资金分散管理模式,由于信息的不对称和资金调度的不统一,公司很难从整体上控制财务风险,而公司内部相互担保、抵押(或质押)的融资模式,一个子公司或业务单元出了问题,可能引发一连串的财务危机问题,最终导致公司信用水平下降,再融资困难,生产经营受阻,风险一发不可收拾。

投资项目要"见效快、回收期短"。负债是激进财务政策的主要融资方式，而这种融资方式要求公司短期内具有很强的偿债能力。因此，短期债务资金的投向应以"短、平、快"的投资项目为主，这样的项目回收期短，见效快，能够在较短的时间内回收所投资本，从而满足公司负债的偿付要求。华源股份短债长投，而且投资额度巨大，因此，当债务到期时，公司很难筹措资金偿还债务。

要建立健全公司治理结构和内部控制制度。严明的纪律是军队打胜仗的保障，公司治理结构和内部控制制度是公司加强风险管理的制度基础。无论是战争，还是经营公司，都需要面对风险，特别是在面对高风险时，纪律和制度是防范风险的关键。"中海油事件"之所以发生，其主要原因是没有建立有效的石油期货操作制度。很多公司"一把手说了算"的现象也彰显了制度的弱化，这也是风险爆发，造成严重损失的重要原因。因此，对处于高风险的金融、高科技等行业，以及其他面临巨大风险敞口的公司必须建立健全公司治理结构和内部控制制度，为风险的科学管理提供制度基础。

6. 结论或启示

财务政策选择应与公司所处行业的竞争程度、盈利能力、风险可承受能力等方面保持动态协调一致，而且要随着公司外部宏观经济环境的变化及时做出调整。风险意味着机会，把握机会，创造价值的关键是准确判断、遵照规律、顺势而为。这样，公司才能够在风险来临时，免受风险折损，保全公司；在机会来临时，乘势而上，获取风险溢价，创造价值。

公司追求规模扩张必须以经济性为前提，如果公司规模扩张不能带来经济性，这种扩张必然会造成资金沉淀、循环不畅。公司规模是衡量公司市场地位的重要指标，也是经营者提高自身价格的重要因素，公司追求规模扩张无可厚非。但是，公司的成长是有规律的，它需要资金、技术、管理、制度、文化、理念等与规模保持协调一致，这样才能够实现公司规模的扩张所带来的经济性，增加公司的价值。否则，凭仗资金雄厚，盲目兼并收购，实现公司规模的快速膨胀，短期内可能会带来一定的收益，长期来看，其发展并不具有可持续性。

考评经营者的业绩水平，要将利润指标与风险指标、生态指标相结合做出综合评价。公司是人的公司，公司的行为实质上是人的行为，而人的行为受驱于利益，利益的大小又取决于业绩的评价内容与方法。基于和谐、科学的发展理论观，国资委、公司业绩评价委员会、人力资源部门应及时将风险指标和生态指标纳入业绩考评范围，通过业绩考评引导公司行为，实现风险与收益平衡、公司与社会的和谐发展。

第六章 公司财务行为选择

从投资理论的演进历程可以看出,贴现模型、资本资产定价模型、套利定价模型与期权定价模型所要解决的核心问题是如何对风险资产进行定价,风险资产定价的核心问题是如何对风险因子定价。风险与未来的时间是密不可分的,风险因子定价的前提、资产未来的收益及其分布函数是已知的,但是,随着时间跨度的增大,财务主体预测这些信息的准确程度越来越弱。所以,风险资产定价理论也只能是经典财务学中的"花瓶",好看而不中用,而投资组合理论与不可逆投资理论却因为提供了如何分摊风险技术操作问题而广为使用。

另外,经典的风险资产定价模型将不确定作为财务系统外生的变量进行研究,而且将这种外生的不确定性视为可以用概率描述的变量。因此,风险资产定价实际上是对系统风险的定价。从公司财务状态来看,风险不仅来源于财务环境状态的不确定性,而且来源于财务运行状态的不确定性。其中,财务运行状态不确定性所引发的非系统风险也不可能完全被分散,非系统风险也是不能忽视的重要因素。所以,经典财务理论的资产定价模型具有先天不足,其应用价值大打折扣。

公司财务论认为,财务运行指数模型为财务主体提供了行为选择的信号,有助于解决内部不确定性因素引起的非系统风险问题。除此之外,财务主体还应提高风险承受能力,以不变应万变。而风险承受能力除了与财务主体的资本、知识与经验等因素有关之外,还和财务管理主体的风险管理技术有关。风险管理技术体现在风险管理主体资产组合与投资策略的选择能力,以及投资决策能力等方面。

第一节 资产组合选择

一、资产依存关系

任何一个公司都可以看作是各种要素资产的组合及其反映的风险收益关系,那么各种要素资产的依存关系如何呢?如何选择各种要素资产呢?传统投资理论强调实物资产和金融资产在资产组合中的风险分散效应,但是忽视了人力资产在资产组合中的主导作用。而马克思的剩余价值理论学说认为劳动创造了剩余价值,强调人力资产要素在公司资产组合中的主导作用;舒尔茨在《人力资本投资》一书中则强调人力资本投资对公司价值的贡献性。[①] 人力资产要素早已纳入了经济学理论的框架,但是,作为财务要素进入财务理论的分析框架却是近期的事情。

从风险管理技术的角度看,人力资产是风险分摊的关键要素。因为,人作为资产选择的主体对其他要素资产具有支配作用,蕴藏于人体内的各种知识与信息可以为公司创造投资机会、拓展利润空间。所以,应将赋存于人体内的知识、能力资本化为人力资本,而人力资产则是人力资本所有者投资的结果。人力资产具有创造超额利润的价值,因为人力资产是对人的思维能力定价的结果,而思维具有创造能力,能够创造出公司所需要的专利、专有技术、管理技

---

① 舒尔茨. 论人力资本投资 [M]. 北京:北京经济学院出版社,1990.

术等无形资产,以及由人力资产、无形资产和其他要素资产共同构成的资产组合。

资产组合选择能力决定了投资收益水平,资产组合选择能力又表现在人力资产能否根据公司财务状态选择与之相适应的其他资产。所以,人力资产在资产组合中居主导地位,对其他资产具有支配作用。新的利润意味着新的风险,新的风险需要有与之相应的人力资产,人力资产是公司投资的战略平台,是公司能否成功拓展财务空间、把握财务机会的关键。

创造新兴市场与进入新市场都为公司提供了新的财务机会,而创造新兴市场和进入新市场不仅需要风险管理的专门人才,而且要获得创造新兴市场与进入新市场的专利、专有技术、政府许可证等无形资产。无形资产是人力资产思维的结果,人力资产是无形资产投资的期权,决定了无形资产研发与交易的模式。

对公司来说,仅有人力资产和无形资产还不能保持持续生存与发展,而公司是各种要素资本所有者所达成的契约,是人类开展经济活动的财产组织形式,公司的投资行为即人的投资行为,人与自然、社会必须和谐相处才能生存与发展,公司的投资行为不能漠视自然与社会的存在。所以,人力资产与无形资产只是影响财务系统运行的内因,而自然与社会则是约束财务系统正常运行的外因。外因的突变与剧变会破坏财务系统的正常运行,所以,公司的投资还要重视环境资产的投资,改善人与自然、社会的关系,保持人与自然、社会的和谐发展。

在资本稀缺的条件下,资产组合的品种是无法穷尽的,非系统风险不可能完全被分散。特别是从事实业投资的公司所面对的公司风险是客观存在的,仅仅通过实物资产与虚拟资产的组合并不能满足公司对风险管理的要求。资产组合的品种必须从实物资产、虚拟资产扩展到人力资产、无形资产和环境资产,使公司的资产组合更具人性化、知识化与社会化。我们认为资产组合的品种可以分为人力资产、无形资产、实物资产、虚拟资产和环境资产五个层次。其中，人力资产是人力资本投资的结果，在资产组合中处于核心地位；无形资产是公司的知识型资产、权力型资产，是资产组合的创新品种；实物资产和虚拟资产是传统意义的资产组合品种，能够给公司带来直接风险收益；环境资产是财务主体处理财务系统与自然、社会关系而进行投资的结果，会影响其他资产收益的持续性。各种要素资产之间的依存关系可以用资产组合轮盘表示（见图6-1）。

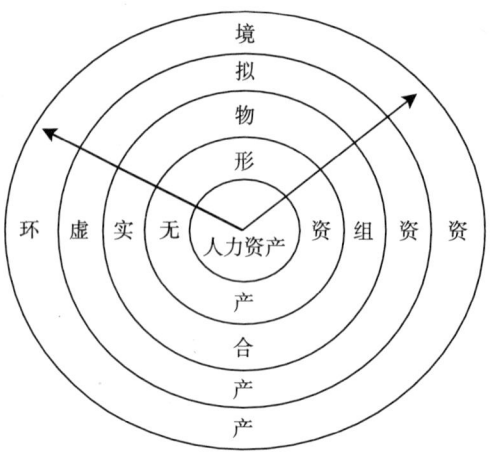

图6-1 资产组合轮盘

在资产组合轮盘中，人力资产处于核心地位，对其他资产具有支配作用。人力资产和无形资产构成了公司的核心资产，是区别于其他公司的异质性资源，二者构成了公司的投资平台。核心资产决定了实物资产与虚拟资产的品种以及在资产组合中的数量比例关系；虚拟资产是实物资产符号化的、有价值的金融资产，其价值取决于实物资产的收益能力。环境资产是资产组合的安全性资产，通过环境资产投资可以降低内部与外部不确定性因素对财务系统正常运行产生的影响。假如将要素资产组合比喻成果实，那么，人力资产与无形资产是果核，实物资产与虚拟资产是果肉，环境资产是果皮。

二、资产品种选择

在不确定性条件下,为了满足利益相关者的风险偏好与预期收益要求,客观要求资产组合对环境做出适应性变化。而公司对环境的适应能力除了与制度有关之外,还和公司所拥有的资源密切相关。其中,人力资产作为公司的核心资源具有学习性、创新性而表现出对环境的适应性。所以,首先,应当确定人力资产的品种,根据公司所需的人力资产确立人力资产的投资项目,包括人才资源的开发、培训、招聘等不同的形式。其次,应当确立无形资产的投资项目,组织人力资产对无形资产进行研究与开发、购买或与其他财务主体合作等。无形资产包括知识型和权力型两种无形资产。其中,知识型无形资产表现为人力资本所有者的创造性劳动成果,它是思维的结果,如专利、专有技术、商标等。权力型无形资产是某种资源的特殊使用权,或进入新市场,开发新技术的特许权证,如土地使用权、特许经营权证、特许开发权证等。知识型无形资产是公司产品创新的储备性资产,经过试生产、达标,直至正式生产、销售,形成公司的创新产品,可以改善资产组合的风险结构,提高资产的收益水平。权力型无形资产是公司生存的条件,如土地使用权、采矿权等,没有这些资产,公司就没有办公的场所,采矿公司就失去了经营的许可证明。

人力资产和无形资产是公司的核心资产,核心资产品种确定后,就要根据利益相关者的风险偏好与核心资产的风险抵御能力选择实物资产和虚拟资产。首先,确定与核心资产相关的实物资产、虚拟资产的品种选择范围,实物资产品种包括流动资产与长期资产两大类,虚拟资产包括金融资产与衍生金融资产两大类;其次,根据各类资产收益的不确定状况选择符合财务政策要求的资产品种。

在确定实物资产与虚拟资产的同时,还要确定环境资产,因为环境资产是其他资产与自然、社会保持有机联系的安全性保障,如污水处理设备的购置、尾气处理设备的购置等。

所以，在不确定性条件下，核心资产是公司资产组合品种选择的重点，实物资产与虚拟资产是资产组合品种选择的关键，环境资产是资产组合品种选择的约束性条件。

三、资产选择时机

资产选择时机的把握是风险与收益权衡原则的基本要求。根据不可逆投资理论，资本投资具有不可逆性，等待较佳时机进行投资可以降低财务主体的机会成本，提高资本收益率。根据行为经济学理论，投资者具有厌恶损失的特性，因此，投资者不愿意承认投资失败而会长期持有一项资产组合直至获利。由此可以看出，投资具有套牢资本的作用，财务主体在选择资产组合品种时必需选准时机。

资产选择时机的把握必须使资产组合的风险不超过投资政策所确定的风险要求。投资政策对公司的投资行为具有指导作用，投资政策的制定充分考虑了利益相关者的风险偏好与预期收益要求以及财务状态波动可能给财务行为带来的影响。要实现利益相关者的预期目标，必须按照投资政策的风险要求选择资产，使所选资产项目的风险水平不超过投资政策的要求。当然，这里强调的是资产组合的风险，而不是个别资产的风险。个别资产的风险要纳入资产组合的风险范围予以考虑，个别资产对资产组合风险的影响，可以通过投资比例予以调整。风险与收益是资产的一体两面，控制了资产组合的风险水平，也就控制了资产组合的收益。因此，必须不断跟踪备选资产风险状态的变化、正确评估备选资产的风险水平。当备选资产的风险收益状态满足政策的既定要求时，此时就是资产选择的时机。

资产选择时机的把握应当与资产估价相结合，只有利用资产估价原理正确评判资产的价值区域才能正确识别资产选择的时机。

四、资产选择比例

根据投资组合理论,资产比例的恰当选择具有分散风险的作用。资产比例选择的实质是资产结构问题。资产结构是各种资产在资产组合中的比例关系。风险是时间的函数,时间越长,风险越大;时间越短,风险越小。所以,利益相关者对风险的偏好不同也可以说是对时间偏好的不同。由于不同的利益相关者对时间偏好的不同,资产结构问题就变成流动资产与长期资产之间的比例关系问题。

在所有者结构中,控股股东和战略投资者着眼于长远收益的实现,偏好于具有战略价值的投资项目和资产选择上。中小股东则更为看重现在的收益能力,偏好于投资周期短、见效快的投资项目。投资周期较长的项目一般建设期长、耗资巨大、见效慢,资本禀赋的特性决定了中小股东不愿承担如此大的风险。而投资周期短、耗资少、见效快的项目虽然风险较小,但是,投资者要面临再投资所需承担的资产选择风险,所以,资本雄厚的大股东一般不愿意将资金全部投资于此。所以,从所有者的角度分析,短期资产与长期资产比例的选择要兼顾大股东与中小股东的收益要求。

而经营者与所有者之间是有聘期约定的,经营者偏好于提高聘期内公司价值的投资项目,而不希望将资本分配到投资周期过长的投资项目上。因为,投资周期过长,一方面会减少经营者可支配的自由现金流量,另一方面经营者可能会遭受项目前期效益不佳或亏损的尴尬局面。这样,不仅会影响经营者的当期收益,而且会影响市场对经营者的定价。

债权人将要获得收益与公司的偿债能力相关,而与公司的盈利水平没有直接的关系。所以,债权人偏好于变现能力强的资产,即短期资产。

从公司的利益相关者角度分析,不同的利益相关者对短期资产和长期资产具有不同的偏好。资产组合的比例搭配要充分考虑相关利益主体的时间偏好与收益要求。

第二节 投资策略选择

在不确定性条件下,财务主体获取利润的两个基本要件是创造财务机会和把握财务机会。所谓创造财务机会是指公司可以利用自身核心资产的竞争优势,不断研究开发新技术、新产品、新服务,在激烈竞争的市场环境下,能够不断满足市场新的消费需求,创造新的利润增长点。所谓把握财务机会是指财务主体在信息不对称的条件下,为了获取是否再投资的决策信息而做出的策略性投资。为了创造新的财务机会,财务主体必须加强平台投资策略,强化资产组合中核心资产对其他资产的支配作用。为了把握市场蕴藏的财务机会,财务主体可以先期做出策略性的投资,根据策略性投资获得的先验性信息,改善决策信息依存状态,然后,再做出是否进一步投资的决策。

一、平台投资策略

公司如何根据市场竞争环境的变化从备选资产组合方案中选择最有价值的方案,不仅依赖于财务主体的决策判断能力,而且依赖于资产组合的创新能力。财务主体的决策判断能力依赖于公司人力资产的赋存状态;资产组合创新能力依赖于无形资产的赋存状况。人力资产与无形资产投资是财务主体的平台投资。投资平台是资产组合转换的因子,只有建立具有转换功能的投资平台才能创造与把握新的财务机会,抢占先机、进入新的市场。公司转换因子包括人才转换因子与技术转换因子。人才转换因子是实现资产组合转换的先决条件,没有人才就没有技术的创新、产品的创新与资产组合的创新。技术转换因子是实现创新资产的保证,只有不断创新资产的品种,才能实现资产组合的创新。资产组合的创新是影响财务主体风险承受能力的关键性因素。所以,公司应加强平台投资,不断创造新的投资机会,使资产组合的收益水平满足利益相关者的要求(见图6-2)。

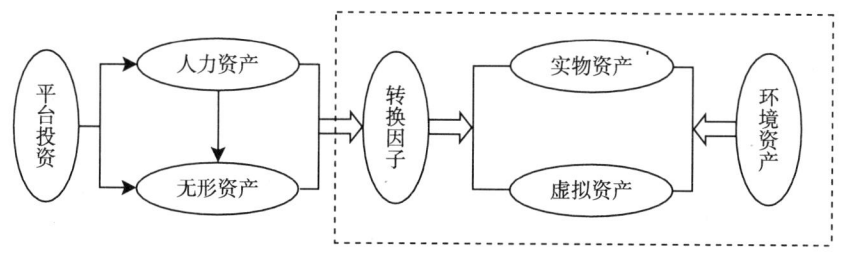

图6-2 平台投资与资产组合

获得异质性资源是财务主体保持市场竞争力的关键,异质性资源主要来源于财务主体的平台投资。异质性资源的获得取决于人力资产,表现为无形资产,包括商标、商誉、专利、专有技术、特许权经营证、著作权等。熊彼特(1990)把创新形成的无形资产归结为以下几点:①采用一种新的产品——也就是消费者还不熟悉的产品——或一种产品的一种新的特性。②采用一种新的生产方法,也就是在有关的制造部门中尚未通过经验检定的方法,这种新的方法绝不需要建立在科学上新的发现的基础上;并且,也可以存在于商业上处理一种产品的新的方式之中。③开辟一个新的市场,也就是有关国家或地区以前不曾进入的市场,不管这个市场以前是否存在过。④掠取或控制原材料或半成品的一种新的供应来源,无论这种来源是否已经存在,或是首次创造。⑤实现任何一种工业的新的组织,比如造成一种垄断地位或打破一种垄断地位。[①] 熊彼特从技术

---

① 熊彼特. 经济发展理论 [M]. 北京: 商务印书馆, 1990.

创新与市场创新两个角度论述了无形资产的表现形式,除此之外,还应当包括公司独特的管理技术与方法的创新。这些都构成了公司的无形资产。这些异质性资源获得标志着财务主体对新的投资机会的开发与创造,它是财务主体进入新市场、开拓新的利润空间的权利,有了这种权利,就掌握了投资的主动权。

平台投资是在市场受到政府管制、不完全信息和信息非对称等限制条件约束时所采取的一种投资策略。如转轨制国家市场的开放是有条件的,外商要想进入该国的市场,必须按照该国政府的规定进行有条件的前期投资,才能获得进入该国市场的权力。再如有的外商通过在华设立研究机构从事科研活动以获得进一步投资的生产技术、市场等决策信息。

资产的专用性的特征决定了投资资本的完全或部分不可逆性,这增加了投资的风险性。为了规避投资行情逆转带来经济损失的风险,财务主体在投资时,要考虑情况发生逆转时如何实现资产功能的转换,或市场的转换。要实现这种转换必须依赖于平台投资获得资产功能转换的人才转换因子与技术转换因子。如当某一个产品市场萎缩时,能够将原来的资产功能转换为生产另一种产品。当一个国家或地区的市场行情低迷时,可以将一个国家或地区生产的产品转移到另一个国家或地区销售。如汽车的燃料可以通过专用设备实现燃油与燃气的相互转换等。

二、等待投资策略

项目投资策略选择包括立即投资、等待投资和放弃投资。在不确定性条件下,由于市场的不完全性,投资者很难做出立即投资与放弃投资的决策选择,立即投资可能造成财务失败,放弃投资又会丧失投资机会。选择等待是投资者在不确定性条件下较为明智的策略选择。因为,等待可以改善财务主体的决策信息依存状态,投资者通过观察、分析、调查等可以获得更多的决策相关信息,相关决策信息也会由不确定状态而逐渐明朗化，所以，等待可以降低投资的不确定性、规避系统风险。当等待获得的信息足以支持财务主体做出正确决策时，财务主体才会选择立即投资或放弃投资的策略。当然，选择等待投资的前提是等待的价值大于立即投资的价值，财务主体才会选择等待的策略。

三、分期投资策略

在信息不对称的条件下，投资者可以采用分期投资策略，根据上一期投资获得的信息确定下一期的投资。如果投资项目的实际收益比预期收益高，可选择追加投资；反之，则减少投资或停止投资。这样，可以通过投资规模的控制防范风险的扩大。获得信息是有成本的，这种为降低不确定性付出的成本是投资者获得选择追加投资、减少投资或停止投资的期权（Real Option）价格。分期投资是否可行，需要权衡获得信息的成本与期权收益，如果获得信息的成本大于期权收益，则应放弃分期投资策略；反之，如果获得信息的成本小于期权收益，则应实施分期投资策略。

分期投资策略是外商投资经常采用的，因为外商对中国的市场并不完全了解，或对合作方的诚心、能力持有怀疑，在签订合同时，往往不是全额签订合同，而是采取分期分次签订投资合同的策略。

由于债权人和股东之间信息的不对称，股东有将资金投向风险比合同规定要高的项目上的动机，因此，银行为了控制信贷风险，则会授予贷款人一定的信贷额度，贷款人根据需要分期分笔向银行申请，如果银行发现贷款人有违约行为，银行就会马上终止贷款，或采取其他公司治理行为。

分期投资策略也是风险投资经常采用的策略。以下是两个非常著名的公司发展过程，可以充分说明风险投资家是如何使用分期投资策略的。美国苹果计算机公司一共接受了三轮风险投资。1978

年1月，公司获得了风险投资公司的第一轮投资51.8万美元，当时公司的股价是0.09美元。由于公司经营状况良好，因此又得到了70.4万美元的第二轮风险投资，此时，公司的股价是0.28美元。1980年12月，公司又得到了第三轮233.1万美元的风险投资，公司的股价则上涨到0.97美元。风险投资公司对苹果公司的投资采取的就是分期投资策略，从股价的增长态势来看，苹果公司具有一定成长性，风险投资公司的投资额度也逐渐增加。另外一个分期投资的例子是风险投资公司对美国联邦快递公司（Federal Express）的投资，该公司也接受了三轮风险投资，但是它的发展与苹果公司有所不同。1973年9月，公司获得了第一轮风险投资1225万美元，股价为204.17美元。从数字上可以看出，该公司的发展前景非常看好。但好景不长，公司的业绩直线下降，1974年3月第二轮投资时，投资640万美元，股价是7.34美元。可是公司还是不能得到扭转，1974年9月，公司得到了第三轮388万美元的投资，而股价则跌到0.63美元。这时，风险投资家选择参与公司治理的策略，其业绩被最大限度地提高。1978年公开上市时，公司股票市值为6美元，风险投资公司净赚2000万美元。

分期投资策略不仅具有规避非系统性风险的作用，而且对于规避系统性风险也是有效的。由于系统性风险是因经济周期、经济政策、战争等事件造成的，通常情况下，在系统性风险产生之前，经济运行会表现出较为强烈的征兆。在这一点上，由经济周期所导致的系统性风险最为明显：当经济周期处于繁荣阶段时，市场需求旺盛，失业率较低，通货膨胀也逐渐加剧，一旦繁荣超过一定的限度，工资开始大幅上升，物价水平也开始以更快的速度上涨，这意味着政府相应地要实施从紧的经济政策，接下来就是经济从繁荣走向衰退，系统性风险也就变成现实。从上述经济周期导致的系统性风险看，失业率、工资水平、物价等经济变量均是系统性风险是否会产生的经济变量，尤其是判断政府经济政策是否会逆转、系统性风险何时来临的信息。无论是宏观经济变量的变化，还是经济政策的逆转，都是决策者判断风险的信息依据。若决策者采取分期投资策略，就可以根据每期投资获得的信息灵活调整投资规模和投资结构，规避系统风险。

四、分散投资策略

不确定性与收益是相生相伴的，投资决策管理的核心是风险与收益的匹配（Tradeoff）问题，即在收益一定的条件下实现风险最小化或在风险一定的情况下实现收益的最大化。1952年，马考维茨的投资组合理论为管理不确定性提供了分析工具，他认为通过资产组合后的投资，其收益是各项资产收益的加权平均，而风险则比原来降低了。正所谓"鸡蛋不能放在一个篮子里"，财务主体在不确定性条件下投资应采取分散投资的策略。

五、放弃投资策略

任何影响财务主体决策的变量都可能因为自身或其他变量的原因而发生变化，也就是说现在看来有利的投资项目，随着时间的推移也会变成不利的投资项目。所以，在不确定性条件下，财务主体应当考虑一旦条件变得不利，应马上变现资产，保全资本。对享有实物期权的投资项目，如果决策信息表明履行实物期权是非理性的，那么，财务主体可以放弃履行实物期权。

第三节　投资行为选择决策模型

一、贴现模型的不足

贴现模型的基本原理是将投资项目在未来期间内能够给财务主体带来的现金净流量，按照财务主体所要求的必要报酬率进行贴现所计算的投资项目的现值。并将投资项目的现值与资产的购买价格进行比较计算投资项目的净现值。如果净现值大于等于零，则投资项目可行，否则，不可行。贴现模型应用的前提是必须知道投资项目未来的现金流量分布状态与贴现率。但是，未来现金流量的分布状态随着时间跨度的延长而不具有可预测性，财务主体对时间偏好的不同也决定了不同期间贴现率的选择也不同。虽然，我们可以利用资本资产定价模型确定财务主体的贴现率，但是，资本资产定价模型本身的假设条件限制了其应用的范围。所以，在不确定性条件下出现了贴现决策模型悖论。

悖论 1：贴现模型虽然是长期投资决策理论中比较完美的一种理论，但是，应用贴现模型进行决策的公司却很少。通过对美国大型公司利用资本预算方法的调查显示，在投资决策中，运用最广泛的评价指标是投资回收期，而不是贴现模型。1997 年，南京大学课题组调查结果显示，我国工业公司进行项目投资决策时，使用率最高的仍然是投资回收期，而净现值法与内含报酬率法使用率却不到 30%。这说明在不确定性条件下，投资决策主体很难确定投资项目的现金流量分布状态与每一期的贴现率。

悖论 2：贴现模型的决策标准是净现值大于等于零，方案才可行。而在不确定性条件下，财务主体的平台投资项目如研究开发

(R&D)投资项目、人力资产开发投资项目等都不符合贴现模型的决策标准。而实践中,财务主体为了创造和把握财务机会,往往采取平台投资策略应对不确定性因素,规避投资风险。

之所以出现贴现模型悖论,是因为贴现模型的应用是有假设前提的,而现实条件又很难满足贴现模型的假设前提。

H1:现金流量的分布状态是确知的。即投资项目的现金流入量、现金流出量及其发生的概率是已知的,而且,所有者与经营者、经营者与经营者之间关于投资项目现金流量分布状态的信息是对称的。

H2:利益相关者都是风险厌恶者,他们的投资目标是追求一定收益下的风险最小化,或一定风险条件下的收益最大化。

H3:利益相关者对时间的偏好是一致的,可以选择同样的贴现率对现金流量进行贴现。即利益相关者在一定时期内的分配于消费和投资边际资本替代率是一致的。

H4:利益相关者偏好现金流量,而不是会计利润。所以,利益相关者可以通过对投资项目未来的现金流量进行贴现,而不是对会计利润进行贴现。

贴现模型的第一个假设实际上回避了信息的不完全性和不对称性。在新兴的市场上,由于缺乏先验性信息,新产品的市场需求、价格以及政府的管制政策等都是很难准确预测的,市场信息处于不完全状态。对于不完全信息下的投资项目不能根据贴现模型的计算结果简单地认定为接受或不接受。现代公司是建立在两权分离与内部分权基础之上的,财产所有权与经营权相分离、经营决策权与执行权相分离,形成了所有者与经营者之间、经营者与执行者之间的委托—代理关系。由于委托方和代理方对投资项目现金流量分布状态信息的非对称性,以及机会主义行为的存在,利用贴现模型进行决策极易歪曲客观事实的真相。

贴现模型的第二个假设是关于风险偏好的假设。股东是风险规避者，所以当风险越高时，投资者要求的报酬越高。从合约理论的角度来看，股东是公司的剩余收益索取者，理应承担剩余风险。他可以通过多角度投资来分散非系统风险，某一个公司的投资项目只是他整个投资组合中的一部分，该公司的收入也只是他整个收入的一部分。就单个公司而言，经营者规避风险的动机应比股东更为强烈，因为，经营者大部分收入与其所在公司的成败紧密相关，如果投资决策失误，引起公司破产，不仅会使经营者收入受损，而且会影响到经理市场对经营者的定价。即使因冒险而获得投资成功，由于经营者所得到的收入是合同收入，经营者对于那些增加股东收益的同时又增大风险的投资项目仍然持有谨慎的态度。

贴现模型第三个假设是关于时间偏好的假设。公司的股东关心的是在无限延长的时间序列里，公司所产生的未来现金流量的价值；而经营者受聘任合同的限制，关心的是自己在聘任期内的投资回报率、现金流量状况。所以，股东和经营者对投资项目的时间偏好是不一样的，股东希望选择能够给公司带来长期效益的投资项目，而经营者则更青睐于能在聘任期内产生效益的投资项目。所以，在决策选择时，股东偏好净现值最大的投资项目，而经营者则偏好投资回收期在聘任期内的投资项目。同样，受贷款合同的限制，债权人比较关心的是合同期内投资项目的现金流量分布状态。

贴现模型的第四个假设表明，股东和经营者对现金流量有相同的偏好。股东关心的是股票价格的变化，如果股票价格上涨，或分得更多的股利，他们的理财目标得以实现。而经营者关心的是股东对经营者业绩的评价结果，如果业绩评价优良，经营者就可以根据合同规定获得一定的报酬。但是，支撑股票价格上涨的主要变量是投资项目带来的未来现金流量的现值，所以，股东更为关心公司的现金流量的变化，现金流量是股东决策的重要变量。而经营者决策的指标不一定是现金流量，这要视股东对经营者的激励政策的选择。如果经营者持有恰当比例的股份，经营者与股东的决策基础都是现金流量；如果经营者没有股份，或持有股份不恰当，而股东对经营者的考核又以会计利润为主要评价指标，则经营者决策的基础就是会计利润指标。

二、信息不对称条件下的投资决策模型

贴现模型假定利益相关者之间的信息是对称的，而且利益相关者对投资项目寿命周期的偏好是相同的。然而，在现代公司组织中，由于所有权与经营权的分离，以及组织内部分权的存在，投资决策的完成是由不同利益主体之间相互博弈、共同完成的。在所有者与经营者之间，经营者往往负责提供投资项目的未来现金流量的分布与加权平均成本（贴现率）信息，以及项目的净现值信息；而所有者则根据经营者提供的投资项目信息进行决策选择。在进行决策时，由于所有者与经营者之间信息的不对称，所有者必须对经营者提供的投资项目信息的置信程度进行评估，根据投资项目的评估信息选择与之相适应的贴现率进行折现，而且，必须考虑经营者的逆向选择行为对所有者预期收益目标的影响。在科层组织比较复杂的集团公司，由于分权的存在，集团公司与子公司、分公司（或部门）之间的投资决策也存在信息不对称性的问题。子公司与分公司具有利用投资项目的信息优势谋取小集体利益的倾向，集团公司在审批资本预算方案时，也要考虑子公司与分公司的逆向选择行为。现以所有者与经营者之间的决策选择为例，说明信息不对称条件下的投资决策模型。

在两权分离的条件下，所有者具有投资项目的决策权，经营者具有投资项目的运营权，所有者根据经营业绩支付经营者报酬。在所有者与经营者之间签订委托—代理合同时，双方会在投资项目预测信息的基础之上进行谈判，并签订合同。但是，由于经营者专业知识、经营经验信息比所有者更有优势，所以，有理由认为经营者在谈判时具有信息优势；而所有者则处于谈判的弱势地位。那么，

所有者如何做出投资决策选择呢？

现假设投资项目的预期现金流入量为100，流出量为60或90，而且现金流出量发生的概率分别为0.5。为了便于分析，假设贴现率为零，而且不考虑延迟投资问题。在假定所有者与经营者之间的信息对称的条件下，利用贴现模型的原理可以计算出该项目的净现值为25，根据净现值决策准则，所有者应接受该投资项目，并根据经营者的要求表决通过资本预算。

然而，在信息不对称的条件下，经营者在做资本预算时，具有虚报现金流量、降低非负净现值的行为动机。如果所有者根据经营者所报的信息接收投资项目，并承诺对超预算净现值部分按照10%的比例奖励经营者，那么，经营者就可以因此而获得额外的报酬而不必全力工作。如果所有者按照经营者所报告的投资信息批准资本预算，而经营者提交的投资项目现金流出预算为90。这时，所有者的预期收益为10，而经营者获得的额外报酬为1.5 [（90-75）×10%]，经营者额外获得的1.5奖金就是由于信息不对称造成的由所有者承担的代理成本。那么，所有者如何做出选择才能够降低代理成本呢？

所有者降低代理成本的关键是设计某种机制以诱导经营者报告真实的投资信息。代理理论和机制设计理论表明，所有者可以通过资本预算宽裕政策与限量政策诱导经营者如实报告投资项目的真实信息。资本预算宽裕政策是指无论经营者报告的投资项目现金流出量为多少，所有者都按90批准资本预算。此时，提供投资项目现金流出量信息的真假对于经营者来说是没有区别的。因此，在资本预算宽裕政策下，经营者将如实报告投资项目的现金流出预算。此时，所有者的预期收益仍为10，而经营者的预期额外报酬仍为1.5。资本预算限量政策是指所有者当且仅当经营者报告投资项目的现金流出量为60时才接受该项目。此时，如果投资项目的真实现金流出量为60，无论经营者是否虚报资本预算信息，经营者的预期额外报酬均为 0，而所有者的预期收益则为 20。因此，资本预算的宽裕政策与限量政策均可以诱导经营者真实报告投资项目信息。但是，由于资本预算限量政策下所有者的预期利润更高，所以，资本预算限量政策是所有者最佳的选择。

在信息不对称的条件下，所有者选择能够诱导经营者的资本预算政策的前提是必须知道投资项目的现金流量分布状态，而事实上，这个条件也是十分苛刻的。换句话说，如果所有者不知道投资项目的现金流量分布状态，而经营者知道，那么，代理成本将会增大，解决这个问题的策略就是引入独立董事制度。独立董事作为财务专家对投资项目相关信息的甄别能力比所有者强，引入独立董事制度可以弥补所有者的信息弱势，改善所有者投资决策的信息依存状态。

在现代公司决策中，信息不对称状况除了表现在所有者与经营者之间外，还表现在集团公司与分公司（或部门）、子公司之间。处于信息弱势的所有者、集团公司都可以采用宽裕政策或限量政策的方法对净现值法则进行修正。

信息不对称还表现在公司对外投资、银行贷款等许多情况，投资方可以采取分期投资的策略以避免巨大投资损失的发生。分期投资缩短了一次性投资的时间跨度，降低了投资者面临的不确定性程度，使决策更加准确。

三、信息不完全条件下的投资决策模型

信息不完全是指投资者对投资项目所处市场未来的发展前景不明确，即投资项目的现金流量分布状态信息是未知的。在此条件下，投资者的直觉认为未来市场充满了获利的机会，为了获得将来是否进入市场的决策信息，投资者往往采取等待投资或平台投资的策略。等待投资和平台投资两种策略都可以改善投资者进一步投资的决策信息，这种信息赋予了投资者是否投资的选择权，因此，等

待投资和平台投资是有价值的，投资者因此而获得的信息相当于购买了一份实物期权合约。

1. 平台投资决策模型

平台投资为公司创造了未来投资的机会，公司可以根据财务状态的变化选择适宜的时机进行投资。所以，评价平台投资项目不能只考虑平台投资项目本身的净现值，还要考虑未来公司行使与平台投资项目相关的其他投资项目的净现值。如果平台投资项目的周期用 t 表示；相关投资项目的投资周期为 n，而且在 m(m≥t)年之后进行投资。则平台投资项目是否可行需要将平台投资项目与其他项目结合在一起进行考虑，其决策模型可以表示为：

$$NPV = NPV_t + NPV_{m+n}$$

式中，NPV 代表平台投资项目及其与之相关的其他投资项目的净现值；NPV_t 代表投资周期为 t 的平台投资项目的净现值；NPV_{m+n} 代表 m 期之后投资周期为 n 的投资项目的净现值。

2. 延迟等待投资决策模型

假设某公司欲投资甲产品生产线 90000 美元，不考虑建设期，项目的投资期为 10 年。建成投产后，每年的生产能力为 100 单位，单位现金营运成本为 50 美元。目前，该产品的价格为 200 美元，经预测下一年的价格将发生变化，可能上升到 300 美元的概率为 0.5，可能下降到 100 美元的概率为 0.5，然后，产品的价格将保持在这新的水平上不变。假设贴现率为 10%，固定资产到期的残值为零。在不确定性价格因素的影响下，公司的投资策略选择有两种：立即投资和延迟等待投资。如果选择立即投资策略，根据净现值贴现模型，该项目的净现值为 2169 美元：

$$-90000 + 100 \times (300 \times 0.5 + 100 \times 0.5 - 50) \times (P/A, 10\%, 10) = 2169$$

根据净现值决策准则，净现值大于零，该投资项目可以立即投资。但是，由于 2169 美元是公司的预期净现值，实际净现值能否达到 2169 美元取决于产品价格的变化。如果下一年产品的价格下降到 100 美元，则项目的实际净现值为 -59277 美元，公司将承担投资损失的风险。所以，公司还可以选择延迟等待的投资策略，当且仅当价格上涨到 300 美元时再投资。如果公司选择等待投资的策略，则投资项目的净现值为 14951 美元：

[-90000 × 0.5 +100 × (300 × 0.5 - 50) × (P/A，10%，10)] × (P/S，10%，1) = 14951

通过对立即投资与延迟等待投资两种策略下投资项目的净现值计算分析表明，等待一年的价值为 12782 美元。等待是嵌套在投资项目中的一种期权形式，它是有价值的，它的价值就等于延迟等待而获得的信息。

由此，可以归纳延迟等待投资的决策模型为：

$NPV_{n+t} = NPV + OP_t$

式中，NPV_{n+t} 代表等待 t 期的投资周期为 n 的投资项目的净现值；NPV 代表投资周期为 n 的投资项目的净现值；OP_t 代表等待 t 期的期权价值。

3. 分期投资决策模型

在信息不完全条件下，决策信息是不充分的，将资本全部用于投资将会给投资主体带来极大的风险，所以，投资主体往往采取分期投资的策略。在分期投资过程中，第一期投资是学习型投资，资本投入量相对较少，是否进行第一期投资取决于投资主体的先验信息。以后各期是否投资以及投资的额度取决于上一期投资所获得的信息。投资主体可以根据决策信息状态的变化选择终止投资或继续投资。是否采取分期投资应对一次性投入资本与分期投入资本进行比较。如果投资周期为 n、总资本为 S 的投资项目有两种投资方案：一种是一次性投入；另一种是分 m 次投入。应选择哪种方案进行投资的决策模型可以表示为：

$NPV_0 = NPV_1 - NPV_m$

式中，NPV_0 代表一次投入与分期投入两种投资方案净现值的差；NPV_1代表一次性投入资本方案的净现值；NPV_m代表分期投入资本方案的净现值。

决策的标准是如果NPV_0大于零，应选择一次性投入；如果NPV_0等于零，则一次性投入与分期投入两种方案是等效的；如果NPV_0小于零，则应选择分期投入方案。

4. 放弃投资决策模型

传统的贴现决策模型假设投资者对时间偏好是固定不变的，事实上，投资者随时可以根据持有与变现两种方案的比较而选择其一，而不是一直持有。这相当于投资者持有了一份资产的卖出期权合约，投资者可以根据有利的原则选择是否履行期权合约，即实施放弃投资的策略。在此条件下，投资项目的净现值为不考虑放弃投资情况的投资项目净现值与放弃投资期权的价值之和。对于不考虑放弃投资情况的投资项目的净现值可用净现值决策模型计算；对于放弃投资期权的价值可用实物期权定价模型计算。具体可表示为：

$$NPV = NPV_0 + OP_t$$

式中，NPV代表含有放弃投资期权的投资项目的价值；NPV_0代表不含有放弃投资期权的投资项目的净现值；OP_t代表第 t 期执行放弃投资权的期权价值。

为了说明实物期权定价模型在投资决策中的应用，现举例如下：

假设某公司投资 300 万元购置一套生产设备，设备的寿命期为 2 年，设备正式运行后的现金流量分布状态见表 6-1。第二年年末固定资产无残值，贴现率为 12%。

表 6-1 现金流量分布

状态	第一年		第二年	
	初始概率 P(1)	现金流量	条件概率 P (2/1)	现金流量
1	0.3	200	0.3	100
			0.5	200
			0.2	300

续表

状态	第一年		第二年	
	初始概率 P(1)	现金流量	条件概率 P (2/1)	现金流量
2	0.4	300	0.3	200
			0.5	300
			0.2	400
3	0.3	400	0.3	300
			0.4	400
			0.3	500

表6-2 不含放弃投资期权的投资项目的净现值

第一年			第二年				概率分析			
现金流量	贴现系数	现值	现金流量	贴现系数	现值	总现值	初始概率	条件概率	联合概率	项目的期望净现值
200	0.8929	179	100	0.7972	80	259	0.3	0.3	0.09	23
			200	0.7972	159	338		0.5	0.15	51
			300	0.7972	239	418		0.2	0.06	25
300	0.8929	268	200	0.7972	159	427	0.4	0.3	0.12	51
			300	0.7972	239	507		05	0.20	101
			400	0.7972	319	587		0.2	0.08	47
400	0.8929	357	300	0.7972	239	596	0.3	0.3	0.09	54
			400	0.7972	319	676		0.4	0.12	81
			500	0.7972	399	756		0.3	0.09	68
-300	1	-300								-300
			项目的净现值							201

现假设该套生产设备在第一年年末有被出售的可能,估计出售价为250万元。现利用实物期权的三叉树定价模型与B-S模型两种不同的方法计算如下:

第一,三叉树定价模型。将上述投资项目两年内各种状态下现金流量的净现值及其期权的价格用三叉树图形表示,如图6-3所示。

A点项目的净现值为:

(100×0.3 + 200×0.5 + 300×0.2)×0.8929 = 170

B点项目的净现值为:

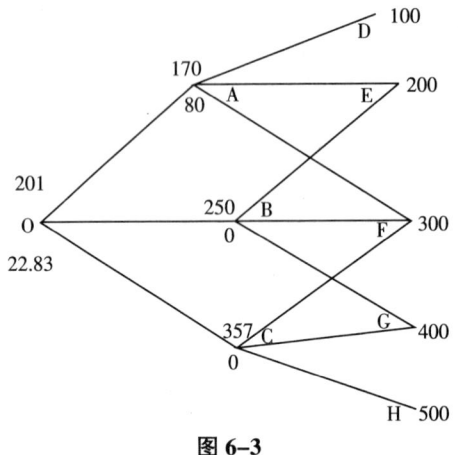

图 6-3

$(200 \times 0.3 + 300 \times 0.5 + 400 \times 0.2) \times 0.8929 = 250$

C 点项目的净现值为：

$(300 \times 0.3 + 400 \times 0.4 + 500 \times 0.3) \times 0.8929 = 357$

因为 A 点项目的净现值小于出售资产的价值 250，

所以 A 点期权的价值为 $250 - 170 = 80$。

因为 B 点项目的净现值等于出售资产的价值 250，

所以 B 点期权的价值为 $250 - 250 = 0$。

因为 C 点项目的净现值大于出售资产的价值 250，

所以 C 点期权的价值为 0，O 点期权的价值为 $80 \times 0.3 \times e^{-0.05 \times 1} = 22.83$。

第二，B-S 期权定价模型。项目被出售时应有一个转让价格，依据期权的概念，该转让价格可被认为是看跌期权的执行价格，出售该项目就相当于执行看跌期权，看跌期权的价值可以用 B-S 期权定价模型进行计算。根据 B-S 期权定价模型计算看涨期权的价值，然后再运用买卖权平价公式计算看跌期权的价值。假设无风险利率为 5%，其他有关参数为：执行价格（E）= 250 万元，距到期日的时间（T）= 1 年，标的资产的方差=33.5%；标的资产的价格（S）= 233.57 万元，具体计算见表 6-4。

第六章 公司财务行为选择

表 6-3 项目内部收益率的标准差

NCF$_1$	NCF$_2$	IRR	IRR−$\overline{\text{IRR}}$	(IRR−$\overline{\text{IRR}}$)^2	联合概率	Pi(IRR−$\overline{\text{IRR}}$)^2
200	100	0.000	−0.594	0.352	0.09	0.0318
	200	0.215	−0.379	0.144	0.15	0.0215
	300	0.387	−0.207	0.043	0.06	0.0026
300	200	0.457	−0.137	0.019	0.12	0.0023
	300	0.618	0.024	0.001	0.20	0.0001
	400	0.758	0.164	0.027	0.08	0.0022
400	300	0.869	0.275	0.076	0.09	0.0068
	400	1.000	0.406	0.165	0.12	0.0198
	500	1.120	0.526	0.277	0.09	0.0249
					1.00	VAR(IRR)=0.112 δ=33.5%

表 6-4 标的资产的价格

NCF$_z$	联合概率	贴现系数	现值
100	0.09	0.7972	7.17
200	0.15	0.7972	23.92
300	0.06	0.7972	14.35
200	0.12	0.7972	19.13
300	0.20	0.7972	47.83
400	0.08	0.7972	26.51
300	0.09	0.7972	21.52
400	0.12	0.7972	38.27
500	0.09	0.7972	36.87
合计	1.00		233.57

$$c = SN(d_1) - Ee^{-r_f T}N(d_2)$$

$$d_1 = \frac{\ln(S/E) + r_f T}{\delta\sqrt{T}} + \frac{1}{2}\delta\sqrt{T}$$

$$d_2 = d_1 - \delta\sqrt{T}$$

$$d_1 = \frac{\ln(223.57 \div 250) + 0.05 \times 1}{0.335 \times \sqrt{T}} + \frac{1}{2} \times 0.335 \times \sqrt{1} = 0.1143$$

$$d_2 = 0.1143_1 - 0.335 \times \sqrt{1} = -0.2207$$

$$N(d_1) = 0.5 + 0.0455 = 0.5455$$

$N(d_2) = 0.5 - 0.0874 = 0.4126$

则看涨期权的价值为：

$c = 233.57 \times 0.5455 - 250 \times 0.4126 \times e^{-0.05 \times 1} = 29.29$ （万元）

利用买卖平价公式，可得到嵌套于投资项目中的放弃投资看跌期权的价值 P_0：

$C_0 - P_0 = S_0 - E^{-r_f T}$

$P_0 = C_0 - S_0 + E^{-r_f T}$

$\quad = 29.29 - 223.57 + 250 \times 0.9512$

$\quad = 33.52$ （万元）

根据三叉树期权定价模型与 B-S 期权定价模型计算出的放弃投资看跌期权的价值有两个不同的结果，其主要原因是两个模型的基本假设前提不同。三叉树法假设现金流量满足正态分布，而 B-S 期权定价模型则假设现金流量满足对数分布。因此，含有放弃期权的投资项目的价值为：

$NPV = NPV_0 + OP_t = 201 + 22.83 = 223.83$ （万元）

$NPV = NPV_0 + OP_t = 201 + 33.52 = 234.52$ （万元）

结论：在不确定性条件下，公司可以选择放弃现有投资项目，这种选择权是有价值的，也是传统投资决策模型中没有考虑的因素。根据以上计算结果，如果考虑放弃期权的价值，放弃比不放弃更好。

第四节 融资行为选择

一、融资结构界定

罗福凯（2003）认为，资本要素包括财务资本、实物资本、人力资本、技术资本、知识资本五项，这五项资本之间的比例关系即财务结构。[①] 袁业虎（1998）认为财务结构的优化即资本、资产的存量和增量的调整。[②] 根据本金投入与收益活动观，本金投入活动包括融资与投资两个环节，本金收益活动包括耗资、收入与收益分配三个环节。为了保持财务概念结构的逻辑一致性，财务结构应包括本金投入结构与本金收益结构。根据财务管理环节可将本金投入结构分为资产结构与融资结构；本金收益结构分为耗资结构、收入结构、利润及其分配结构。其中，融资结构是指各种方式筹集资本的数量、期限的比例关系；资产结构是本金投入所形成的各种资产的比例关系，包括资产的品种结构、数量结构与期限结构；耗资结构是为了获得收入所耗费的各种财务资源的比例关系；收入结构是各种不同风险状态收入之间的比例关系；利润结构是各种投资所得收益之间的比例关系；利润分配结构是留存收益与股利之间的比例关系。所以，融资结构与财务结构是两个不同的概念，财务结构包括融资结构，在一定财务状态下，融资结构是利益相关者之间资本合同交易的结果。在风险承受能力一定的条件下，如果公司资产组合的风险特征不能满足利益相关者的目标要求，此时，经营者会通

---

① 罗福凯. 财务周期分析 [D]. 成都：西南财经大学, 2003.
② 袁业虎. 公司资产经营的关键在于优化财务结构 [J]. 财会研究, 1998 (4).

过要素市场进行资产交易，优化资产组合，直至资产组合的风险特征与利益相关者的目标相符。而当公司资产组合的风险特征经调整之后，仍然不能满足利益相关者的目标要求时，利益相关者则会通过资本市场交易资本合同，卖出不符合风险目标要求的合同，买入符合风险要求的合同，以实现目标投资组合。所以，最优的融资结构就是公司资产组合的风险特征与利益相关者的目标要求一致时，基于公司资产组合为标的物的资本合同交易均衡的结果。

从传统的融资结构理论来看，融资结构主要是指债权资本与股权资本之间的比例关系，体现了债权人与股东对公司的风险收益关系。在知识经济条件下，资产组合的风险与收益更加依赖于人力资本的创新能力。公司的风险承受能力不仅取决于货币资本与实务资本的依存状态，而且取决于人力资本在要素资本中的地位与含量，公司核心资产的竞争能力是人力资本所有者的投资结果。所以，融资结构是债权资本、人力资本与股权资本等要素资本之间数量及其比例关系。

在融资结构中，人力资本的价值是根据其风险分摊的能力确定的。人力资本所有者所拥有的知识与信息是影响公司风险管理能力的关键性因素，与风险管理能力相关的知识与信息越多，人力资本所有者的风险管理能力越强，说明人力资本在不确定性条件下的风险分散能力越强，对剩余收益的贡献越大，人力资本的市场定价就越高；反之，就越低。但是，人力资本也具有专用性，不同的人力资本所有者具有不同的风险分散作用，而不同的人力资本所有者又可以通过风险合同的交易实现风险的共同分散。

在独资公司里，当业主具有完全的风险分摊能力时，公司的资本由业主单独提供，与之相对应的融资结构表现为单一的业主权益。但是，当单一业主的风险分散能力不能满足公司资产组合的风险管理要求时，单一业主可以通过将风险合同转让的方式，与其他人共同分摊资产组合的风险。如果业主的风险分摊能力是资本的原因，单一业主会选择举债或扩股的形式融入资金，以解决资产规模扩大带来的资本需求。此时的融资结构表现为债权权益与业主权益的比例关系。如果业主的风险分散能力是风险管理能力的原因，业主会将资产组合的部分或全部外包给具有这方面能力的代理人，或者将股份转让给具有这方面能力的其他投资者。此时的融资结构表现为债权资本、人力资本与股权资本之间的比例关系。独资公司的组织形式就会发展到合伙公司或公司制公司。正如生物进化一样，融资结构的资本构成要素及其比例关系也是一个不断演化、动态选择的过程。

所以，融资结构的选择过程实际上是要素资本构成及其比例关系随着公司利益相关者的风险分散要求而不断演化与发展的过程。在一定的财务状态与利益相关者风险状态下，融资结构的构成要素是确定的，最优的融资结构就是指各种综合要素资本成本最低的资本结构。在财务状态与利益相关者风险状态不断变化的条件下，融资结构的构成要素是不确定的、动态的，融资结构的优化过程就是公司利益相关者不断权衡风险与收益关系，公司选择各种要素资本构成比例的过程。

二、融资结构选择的目标与原则

既然融资结构选择是一个动态的、优化选择的过程，那么，作为选择的主体，公司利益相关者必然存在着融资结构选择的目标指引融资行为的选择。在风险状态一定的条件下，利益相关者所能够承担的风险是一定的，如果风险状态处于利益相关者承受能力的范围之内，而且与其分享的收益相匹配，那么，此时的融资结构就是利益相关者的目标融资结构。反之，如果风险状态超出了利益相关者所能承受的范围，或者与其分享的收益不相匹配，利益相关者就会通过市场交易资本合同，选择融资结构符合其风险收益目标要求的公司。所以，融资结构选择的目标是指能够满足公司利益相关者风险收益目标要求的资本构成要素及其比例关系。根据融资结构选择的目标，利益相关者在交易资本合同、优化投资组合时，必须遵循以下原则：

1. 财务风险可控原则

财务风险是影响融资结构的重要因素，在公司总风险与经营风险一定的条件下，可接受的财务风险是确定的。在可接受财务风险范围一定的条件下，公司融资机会集合是确定的。只要公司在融资机会集合中选择融资方案，都符合利益相关者的风险收益要求。相反，如果在融资机会集合之外选择融资方案，财务风险超出了利益相关者的承受范围，利益相关者就会启动公司治理程序否决融资方案，或通过资本合同交易调整公司财务风险承受范围，使公司的财务风险控制在利益相关者能够承受的范围之内。

2. 资本成本可接受原则

资本成本可接受的原则是指在财务风险可控的条件下，选择资本成本可接受的融资结构。收益满意化、成本可接收是公司财务决策的基本法则，公司融资结构的决策选择也不例外，边际资本成本的大小决定了公司的融资行为选择的顺序。公司融资的成本包括筹资费用、用资成本和机会成本。筹资费用是公司融资时支付的中介费、佣金、手续费、税费等；用资成本是指公司向资金提供者支付的利息、股息；机会成本则是指公司因为现实融资结构安排而失去的再融资的相对成本减少和因此而失去的投资机会收益。

传统的融资理论往往只重视筹资费用与用资费用，而忽视了融资的机会成本，仅仅针对现有的融资结构评价资本成本的大小，忽视了现在的融资行为对将来融资的影响。在不确定性条件下，还要考虑将来不确定性因素对资产结构的影响，以及资产结构对融资结构的影响。当不利因素发生时，现在的融资结构可能会承担潜在的资本成本；当有利的因素发生时，可能会因为融资能力已经用到极限而发生再融资困难。因此，对现有融资结构的评价还要考虑机会成本对融资行为的影响。

3. 比较优势原则

由于组织形式、规模、所处区位、财务状况等的不同，每一个公司具有不同的融资比较优势。在不确定性条件下，具有不同融资比较优势的公司可以结成财务联盟，联盟的一方可以利用其他主体的比较优势进行融资。如集团公司的内部银行制度和财务公司制度就有利于发挥子公司之间的融资比较优势；处于同一产业的公司簇群可以通过共同投资成立担保公司的方式以提高公司簇群整体融资能力；不同区位的公司可以通过金融互换机制实现融资比较优势的共享等。

4. 套期保值原则

在经济全球化背景下，财务时空得以扩展，公司不仅可以利用国内金融市场进行融资，而且还可以利用国际金融市场进行融资。而全球化具有两面性，在给公司提供更多的融资机会的同时，也增加了财务风险管理的复杂程度。因此，公司为了控制财务风险于目标范围之内，降低资本成本，可以选择财务外包，利用国外的金融服务机构和复杂的衍生金融工具实现套期保值，以规避汇率风险，实现外币资本保值、增值。

三、影响融资结构选择的因素

1. 公司资产组合的风险收益状态

资产组合是资本合同的标的物，资产组合未来的收益分布状态直接决定了资本合同的定价结果，资本合同定价越高，公司融资的机会集越大，反之，则越小。在资产组合一定的条件下，公司的经营风险是相对稳定的，利益相关者可以接受的财务风险范围是既定的。所以，资产组合的风险收益状态决定了公司融资的机会集合。

2. 公司的禀赋状态

公司禀赋状态是影响融资机会集合的重要因素之一，它是指公司的组织形式、规模、行业特性、地理区位、产品结构、要素资本结构、信用品质等的依存状态。如处于不同发展周期阶段的公司具有不同的融资结构安排，不同的融资行为选择；处于不同地理区位的公司具有不同的融资比较优势；上市公司和非上市公司具有不同的融资途径等。

公司的禀赋状态在某一融资时点上是客观存在的，公司必须在一定禀赋状态融资机会集内选择融资方式与融资结构。但是，由于不同融资时点上公司禀赋状态的不同，可选择的融资机会集合也不同。所以，公司应因时而变，选择与公司禀赋状态一致的融资方案。

3. 公司再融资能力

李志文和宋衍衡（2003）认为未来经营的不确定性、融资渠道的相对狭窄是中国上市公司偏好配股保留资金储备的一个重要原因。① 朱武祥等人（2002）认为当公司预期未来竞争程度越来越激烈时，公司当前的债务规模就越小，公司融资表现保守行为。② 无论是资金的储备还是融资保守行为，都有利于提高公司的再融资能力。再融资能力是影响公司融资机会成本与投资机会成本的重要因素，为了降低资本成本，公司在选择融资行为时，必须考虑现行融资方案对公司再融资能力的影响。在不确定性条件下，市场的不完全性和信息的不对称性，公司可供选择的投资方案只是融资机会集合中的一种，随着时间的延续，新的融资机会和投资机会不断出现，公司可以选择的最优方案是动态的，为了把握未来可能出现的更优融资机会和投资机会，公司必须保有一定的再融资能力。

4. 利益相关者风险承受能力

公司只是虚拟的法人主体，其真正的主体是利益相关者，而公

---

① 李志文，宋衍衡.影响上市公司配股决策的因素分析 [J].经济科学，2003（3）.
② 朱武祥，陈寒梅，吴迅.产品市场竞争与财务保守行为：以燕京啤酒为例的分析 [J].经济研究，2002（8）.

司融资行为的不同选择直接影响到利益相关者的风险收益状态，所以，公司融资行为的选择还要考虑利益相关者的风险承受能力。利益相关者的风险承受能力越强，公司的融资机会集越大；利益相关者的风险承受能力越弱，公司的融资机会集越小。

投资风险是否超过了利益相关者的容忍程度以及投资风险与报酬是否匹配，也是影响利益相关者风险承受能力的重要因素。也就是说，如果公司融资结构的安排所导致的风险超出了利益相关者的容忍程度，融资结构或资产结构必须做出适应性的调整以保持公司的风险状态在利益相关者可以承受的范围之内。但是，即使融资风险保持在利益相关者的风险容忍限度之内，但是利益相关者不能获得与其所冒风险相当的报酬，融资结构或资产结构也必须做出调整。

四、不确定性、机会成本与再融资能力

财务环境的不确定性是一把双刃剑，它不仅能带来风险，而且能带来机会收益。财务机会的识别与把握不仅取决于财务主体对影响财务运行状态不确定性因素的分析能力，而且还取决于财务主体是否具有再融资能力。利率以及资本市场的不确定性决定了融资机会成本的存在；投资市场的不确定性决定了投资机会成本的存在。所以，公司财务论认为在不确定性条件下，融资行为选择不仅要考虑现实投资的资金需求，而且要考虑潜在的财务机会对再融资能力的要求。再融资能力决定了融资与投资的机会成本，为了降低机会成本，财务主体必须权衡既定收益、机会成本与再融资能力之间的关系，保有一定的再融资能力，以把握未来潜在的财务机会。

梅耶斯和麦吉罗夫（S. Myers 和 N. Majluf，1984）提出了资本结构的啄食顺序理论，认为公司要为自己的新项目进行融资应遵循啄食顺序原则：首先是内部股权融资（留存收益），其次是债务融

资，最后才是外部股权融资。① 这是因为由于经营者和投资者之间非对称信息的存在，促使投资者根据上市公司融资行为传递的信号判断公司的市场价值。如果公司选择股权融资，有可能引起市场误解并且导致新发行股票的贬值。只有在公司投资收益能够补偿股票贬值损失时，公司才愿意投资，否则公司会放弃投资的机会。若股票的真实价值小于公司市场价值，公司愿意投资，但投资者不愿意购买股票。债券的真实价值与市场价格之间的差距比股票要小，但发行债券容易产生破产成本，同时还要受公司财务状况的制约。如果公司利用内部资金为新项目融资，不需要股权融资，这样就不存在信息不对称问题，因此，所有净现值为正的项目将被采纳。所以，当公司内部资金不足时，会优先考虑低风险的证券，如债券，最后才会考虑股权融资。

公司财务论认为内源融资虽然不存在经营者、现有股东与潜在投资者之间的信息不对称性问题，但是，内源融资具有融资时间短的优势，有利于财务主体捕捉市场机会，获得超额收益。如果按照啄食优先顺序进行融资，财务主体虽然保有一定的再融资能力，但是由于股权融资要求的条件高、手续复杂以及资本市场高度不确定性的特点，可能会因为延误融资时机而失去投资机会。从融资成本来看，啄食优先顺序虽然有利于降低融资的直接成本，但是由于可能因此而失去投资机会，因此又会造成投资机会成本的提高。英美等发达资本主义国家具有较为完善而成熟的金融市场，通过内源融资与债权融资方式能够满足公司的融资需求，投资市场价格弹性机制灵敏，公司因为不能发行股票而错失投资机会承担的机会成本很小。所以，啄食顺序理论之所以能够得到证实是有其研究环境基础的。而中国作为经济转轨制国家，现代金融制度、市场体系还处于

---

① Myers, Majluf. Corporate Financing and Investment Decisions When Firms Have Information That Investors Do Not Have[J]. Journal of Financial Economics, 1984, 13 (2): 187–221.

初级阶段,资金市场与债券市场欠发达、股票市场不规范、金融工具单一。在此条件下,非上市公司的融资渠道主要依靠内源融资和银行借款;而上市公司则主要以发行股票融资为主,表现为较强的股权融资偏好。但是,从非上市公司到上市公司的发展周期来看,中国公司的融资行为仍然遵循啄食顺序理论。中国公司的融资行为具有典型的制度背景,而不能简单地理解为公司行为。在1985年"拨改贷"政策实施之前,国有公司的资金来源为内部留存与财政拨款(政府投资);而后,则变为内部留存与银行借款,只有极少数公司开始发行股票融资,造成国有公司处于高负债的经营状态。1990年12月上海证券交易所成立,次年7月深圳证券交易所成立,标志着国有公司改制上市发行股票融资的开始,此时,现代国有公司才有了股票融资的可能。由于证券交易所成立初期的目标之一是为国企改革服务,而政府又具有招商引资的责任,所以,上市指标成了稀缺性资源。而上市公司作为回报,会利用股票融资的资金兼并其他处于财务困境的国有公司,以减轻政府的负担。这种政企不分的财务行为导致上市公司经营风险的提高,在内源融资与债权融资会降低上市公司再融资能力、增大财务风险的条件下,股权融资方式则是上市公司理性选择的结果。通过发行股票融资,一方面,可以提高上市公司的再融资能力,降低财务风险;另一方面,可以及时捕捉转轨经济时期市场规则变动与新兴市场带来的获利机会,而政府通常会将这种机会提供给上市公司。假设现行国有资产监督管理体制能够规范政企行为,在利率管制、债券市场欠发达的条件下,由于公司收益留存所能够提供的现金是有限的,而商业银行、债券市场又不能提供不同风险等级的资金支持,上市公司仍然会偏好股权融资。因此,利率市场化与发展债券市场是迫切需要解决的财务环境问题。

第五节 融资结构、资产结构对公司绩效的影响

一、基本假设

H1：无偏性假设。由于选取样本的一次性，我们假设对于已经确定的模型参数 β 的估计式 β_i，在重复抽样中可取得变量的一系列观测值，将这些样本观测值代入参数的估计式 β_i，可取得参数 β 的不同估计值，这些参数估计值的分布称为 β_i 的抽样分布，其密度函数记为 $f(\beta_i)$，而且 $E(\beta_i) = \beta$。

H2：线性相关假设。企业绩效与融资结构、资产结构之间的关系并非严格的线性关系，为了研究问题的方便，假设三者之间的关系表现为近似线性关系，并可以通过线性函数关系表达式表达。

H3：信息真实性假设。本书研究的资料来源于上海证券交易所上市公司财务资料数据库，是经过注册会计师审计过的数据，我们认为是真实可靠的，信息质量不影响我们对问题研究的结果。

H4：国有股比例对公司绩效有影响。国有股在权益结构中的比例影响了公司治理结构的有效性，公司治理结构又直接影响到公司财务决策的科学性和有效性，所以，我们假设国有股比例是公司绩效的一个解释变量。

二、模型建立

选择投入产出代表指标净资产报酬率（ROE）作为反映企业绩效水平的应变量 Y。因为净资产报酬率反映了公司的财务目标，其值越大，股东未来获得的预期收益越高，股票价值越高；反之，其值越低，股票的价值越小。影响净资产报酬率的因素包括权益乘数

和总资产报酬率,总资产报酬率与总资产周转率、产品销售净利润率有关。产品销售净利率对绩效的影响不是本书要研究的主要问题,受样本数据所限,直接选取总资产利润率代替产品销售净利率,并设为解释变量 X_1。权益乘数即资产与权益之比,和资产负债率指标直接相关,所以,选择资产负债率作为解释变量 X_2。总资产周转率与资产结构密切相关,所以,选择流动资产与总资产的比率作为解释变量 X_3。影响企业绩效的还有公司治理结构,在我国现实中讨论较多的是国有股比例对公司治理结构的影响,所以,选择国有股股份占总股份的比例作为解释变量 X_4。模型建立如下:

$$Y = \beta_0 + \beta_1 X_1 + \beta_2 X_2 + \beta_3 X_3 + \beta_4 X_4 + \mu_i$$

式中,Y 代表净资产报酬率;X_1 代表总资产报酬率;X_2 代表资产负债率;X_3 代表流动资产与长期资产比率;X_4 代表国有股股份比率;β_i(i = 0,1,2,3,4)代表参数,u_i 代表随机误差项。

三、样本选择及参数估计

根据上市公司 2002 年度公开披露的财务数据资料,我们选取了 703 家在沪市上市交易的公司。根据资本结构理论,资产负债率在一个闭区间内变化,资产负债率与企业的价值呈正相关关系,而且可以近似看作是线性关系;超过这个区域,资产负债率与净资产报酬率呈负相关关系,而且具有非线性,所以,剔除资产负债率大于 60% 的样本。银行类上市公司由于资产负债率在 90% 以上,属于特殊行业,予以剔除。ST 类和 PT 类上市公司,由于资产负债率与其经营业绩严重偏离,予以剔除。最后获得 523 家上市公司作为有效样本。① 利用 Eviews3 工具软件对样本数据进行了最小二乘法回归处理结果如下:

---

① 上海证券交易所上市公司资料数据库。

$Y = -10.47487 + 2.511749X_1 + 0.034769X_2 + 0.156061X_3 - 0.998385X_4$

(1.021066)　　(0.035067)　　(0.018164)　　(0.012772)

(0.863028)

$T = (-10.25876)$　　(71.62696)　　(1.914209)　　(12.21937)

(-1.156840)

$R^2 = 0.907967$　　S.E = 5.474902　　　　F = 1288.473

df = 518

四、模型检验及变量统计特征

（1）T检验。对于 β_1，t 统计量为 71.62696；β_3，t 统计量为 12.21937，β_1、β_3 的 t 统计量的数值明显大于临界值（小于2）。β_2，t 统计量为 1.914017 > 1.658（取 $\alpha = 0.05$，df = 120 时的单维检验临界值）。所以，拒绝 $H_0: \beta_1 = 0$；$H_0: \beta_2 = 0$；$H_0: \beta_3 = 0$。说明总资产报酬率、资产负债率和流动资产比率对净资产报酬率显著影响。β_4，t 统计量的绝对值为 1.156840 > 0.677（取 $\alpha = 0.25$，df =120 时的左侧单维检验临界值），说明 β_4 检验显著，应拒绝 $H_0: \beta_4 = 0$，表明国有股比例对净资产报酬率有显著影响。

（2）可决系数检验。$R^2 = 0.907967$，表明模型在整体上拟合程度较好。

（3）F 检验。在 5% 的显著水平下，查自由度为（4，200）的 F 分布表，得临界值 $F_{0.05}(4, 200) = 2.42$。因为 F = 1288.473 > 2.42，故模型总体上是显著的。

（4）多重共线性检验。将 X_1、X_2、X_3、X_4 分别与 Y 进行回归，X_1 对 Y 可决系数最大，其值为 0.880623；保留 X_1 变量，再分别引入 X_2、X_3、X_4 进行回归，X_1、X_3 对 Y 的可决系数最大，其值为 0.907448；保留 X_1、X_3 变量，再分别引入 X_2、X_4 变量进行回归，X_1、X_3、X_2 对 Y 的可决系数最大，其值为 0.907907，小于 X_1、X_2、

X_3、X_4 对 Y 回归的可决系数为 0.907967。检验结果表明模型无多重共线性。

用 Eviews3 工具软件对 Y、X_1、X_2、X_3 变量进行一般统计，统计结果如表 6-5 所示。

表 6-5 变量统计特征值

统计特征值	Y（%）	X_1（%）	X_2（%）	X_3（%）
均值	6.73	2.25	37.61	54.02
标准差	18.05	6.97	13.21	19.13

表 6-5 的统计结果说明，净资产报酬率的平均值为 6.73%，标准离差为 18.05%；总资产报酬率的平均值为 2.25%，标准离差为 6.97%；资产负债率的平均值为 37.61%，标准离差为 13.21%；流动资产比率的平均值为 54.02%，标准离差为 19.13%。数字表明资产盈利水平的波动幅度比较大，资产负债水平比理论数值 50% 低，但符合盈利水平对负债融资能力的限制，流动资产与长期资产的比率比理论数值 60% 低。

五、结论

（1）通过对模型检验，结果表明变量 X_1、X_2、X_3、X_4 对 Y 具有显著影响。根据参数的大小可知：影响的显著程度顺序为 $X_1 > X_4 > X_3 > X_2$。从理论上看，基本符合模型建立的理论依据，模型经济意义显著。

（2）β_3 大于 β_2 表明资产结构比融资结构对企业绩效的贡献系数更大。β_4 小于零表明国有股比例对公司绩效有负面影响。由于发行股票融资的成本、风险与理论不一致，我国上市公司不分股息或少分股息，以及国有股股东的绝对控股地位和国有股、法人股股票不流通，使发行股票控制权有被稀释的风险，股票融资成本并不高。但是，由于发行股票条件的限制，上市公司通过银行借款也是主要的筹资渠道。在经济不景气，企业总资产报酬率均值为

2.25%，获利水平并不很高，而且许多上市公司还享有一定所得税优惠的情况之下，负债融资带来的抵税效应并不明显。所以，融资结构对企业绩效的贡献系数 β_2 偏小。结果表明，MM 理论在中国实际的检验有一定的偏差，其主要原因是基本假设条件的不完全符合。由于国有股股份比例集中在 51%以上，处于绝对控股地位，国有股股份的高比例对企业绩效的负效应影响是明显的。

第七章 公司动态管控模式

第一节 公司管控模式分类与比较

一、按照管控权限划分

(一) 集权管控型

集权管控型的管理权限集中在母公司,子公司的管理权限很小。

1. 母子公司权力的界定

这种模式下,母公司不仅要负责整个集团(包括子公司在内)的战略规划、资源配置和绩效考评,而且还要负责对整个集团业务流程的设计,人、财、物,产、供、销以及技术和信息等方面的管理和监控。子公司的管理权限较小,只是扮演生产车间、成本中心的角色。

2. 优缺点

优点:有利于发挥母公司的资源优势,有利于实现集团的规模效应,降低管理成本,提高集团整体运行效率,实现集团整体战略目标。

缺点:随着企业规模的扩大,管控幅度越来越大,信息不对称性越来越高,决策的及时性和准确性越来越差。不利于调动子公司的积极性。

3. 适用范围

母子公司业务相同，子公司业务对母公司发展战略十分重要，而且母公司对子公司拥有绝对控股权，在业务运营及其管理方面具有明显优势，母公司对子公司往往实施集权管控模式。

（二）分权管控型

分权管控型要求母子公司保持法人资格的相对独立性，母公司对子公司生产经营的影响主要通过法人治理结构行使表决权实施。

1. 母子公司权力的界定

该模式下，母公司往往对子公司高管的任免、战略规划、资源配置、绩效考评等重大事项享有决策权，对子公司具体生产经营过程不直接干预。

2. 该模式的优缺点

优点：有利于调动子公司经理层的积极性，培育子公司的市场竞争意识和竞争能力；缩减管理幅度，减少母公司的管理事务；减少母子公司之间由于信息不对称造成的决策失误。

缺点：不利于集团公司实现整体发展规划目标、集团整体资源的有效调配、协同母子公司之间的业务发展及规模效应的发挥。

3. 适用范围

主要适用于多元化发展的集团公司，母子公司之间的业务差异比较大，信息不对称性较高；子公司对于母公司发展战略并非十分关键，母公司在子公司业务运营及其管理方面缺乏专业优势，母公司很难为子公司提供一个共享的优势资源平台，母公司对子公司的持股比例通常达不到绝对控股地位。

（三）统分管控型

市场环境是不确定的、复杂的，母公司对子公司的管控也是动态的、变化的。为了提高集团公司整体竞争能力，充分发挥母子公司各自优势，应根据竞争环境的变化和具体业务的不同采取相应的管控模式。如果母公司在某业务方面具有专业及管理优势，则应采取集权管控模式；如果子公司在某业务方面更具专业及管理优势，则应采取分权管控模式。在特定的竞争环境下，应选择有利于母子公司共同发展的管控模式。所以，母公司对子公司的管控不能搞"一刀切"，应根据不同时间、不同情况，具体问题具体分析，选择集权或分权相适宜的管控模式。

1. 该模式的优缺点

优点：有利于发挥母子公司各自的专业、管理及资源优势。有利于减少母子公司之间、控股股东与中小股东之间的摩擦。

缺点：在实际操作中，很难界定母子公司之间的权责范围，容易造成权责不清，相互推诿，效率不高。

2. 适用范围

该种模式适合母子公司业务具有相似性或交叉性，母子公司在不同的区域、业务单元、管理等方面具有差异化的优势；存在少数股权，少数股东希望参与公司管理。

二、按照管控内容和方式划分

（一）战略管控型

战略管控型是一种统分管控模式。母公司对子公司实施较为直接的控制，严格要求子公司与母公司协调战略立场，服从母公司战略安排。这种控制贯穿于子公司生产经营的整个过程，控制力度较强，也称为"干预型控制"。

1. 管控内容与方式

该模式管控的重点是子公司战略的制定与执行。为了实现整个集团的战略协同和资源共享，母公司根据外部环境和现有资源，制定公司整体发展战略，通过掌握子公司的控制权，使子公司的业务活动服从于集团公司整体战略目标。子公司作为独立的业务单元和利润中心对其经营活动虽然享有高度的自主权，但是子公司的业务规划应符合集团公司的战略规划,其重大事项的决策要征求母公司的意见,并报送母公司审批。

母公司的核心功能主要是资产管理与资本运作、战略制定与协调、经营层班子建设与绩效考评等。母公司在区分战略业务单位的前提下,追求战略资源的优化配置,运用战略规划、业务指导与协调、财务控制、人事控制和绩效考评等手段支配子公司的重大决策和经营活动,以实现对子公司的有效控制。母公司通过战略指标体系对子公司高管进行考核,但一般不考核子公司中层经理。母公司工作的重点是进行综合平衡和业务协同,提高集团综合效益。如平衡各企业间的资源需求、协调各子公司之间的矛盾、推行企业文化,高级主管的培育、品牌管理、最佳典范经验的分享等。整个集团有明确的产业选择,尤其是有清晰的主营业务,母公司追求投资业务的战略组合优化和协调发展,鼓励并积极采取措施促进内部各业务单位合作以产生协同效应。母公司要求各子公司把整个集团视为一个整体,而不是只看到各自自身的业务;因此,其奖励和激励制度既重视子公司自身的业绩,也重视集团整体绩效和子公司的贡献。

2. 优缺点

该模式的优点:母子公司决策和执行分开,产权经营和产品经营分开,有利于子公司的专业化经营。同时,母公司专注于战略决策和资源部署,通过决策控制保证了集团整体发展方向。相对扁平的组织架构可以减少决策环节,大大提高决策效率和企业的应变能力,有利于单一产业的企业实现快速复制式的规模扩张。

该模式的缺点:战略管理协调功能执行不好会造成母子公司矛盾;扁平化的组织架构应与相应的决策流程和母子公司的治理体系相结合才能发挥真正的作用等。

3. 适用范围

该模式适用于战略规划能力较强的母公司,不但能够完成整个集团的战略规划,而且还能对子公司的战略规划进行积极参与和有

第七章 公司动态管控模式

效的指导。母公司管理人员的能力较强，能够有效地对下属公司进行战略协调和业务指导以及绩效考核。母子公司管理体系相对健全，具有明确的战略规划和战略管理体系，并且需要对市场变化做出快速反应。集团业务范围比较窄，至少是核心业务范围比较窄，而且子公司业务相关性较强。母公司对子公司实施较为直接的控制，严格要求子公司与母公司协调战略立场，服从母公司战略安排。

（二）财务管控型

财务管控型是一种分权管控模式。母公司以资本为纽带，通过参与子公司股东大会、董事会行使股东表决权对子公司进行控制，通过股权投资报酬等相关指标对子公司经营业绩进行考核，以追求投入资本保值增值。

1. 管控内容与方式

母公司以股东身份参与子公司股东大会及董事会，通过对公司重大事项的表决以对子公司的战略、人事、财务、生产、经营等事项施加影响。母公司不直接干预子公司的生产经营过程，子公司的股东大会、董事会、监事会在其生产经营活动中发挥核心作用，具有较大的经营自主权。出于战略目标和利润的考虑，当子公司的发展与母公司战略不相吻合，或子公司的投资报酬率达不到要求时，母公司可以通过资本市场或产权市场转让所持股份以实现资本的重新配置，因此，母子公司之间关系具有不稳定性。

在决策权分配方面，母公司一般在人事、重大筹资、投资、利润分配、重大资产处置等方面要求有最终决策权。子公司在生产经营方面，如一般投资、财务管理、资金管理、生产经营等方面拥有较大的自主权。

实行该管控模式的集团公司，母子公司业务之间的相关性很小，集团公司以奉行多元化发展战略为主。和记黄浦是该管控模式的典型代表，该集团在全球45个国家经营多项业务，雇员超过18万人，它既有港口及相关服务、地产及酒店、零售及制造、能源及基建业务，也有互联网、电信服务等业务。总部主要负责资产运作，因此，总部的职能人员并不多，主要是财务管理人员。这种模式可以形象地表述为"有头脑，没有手脚"。

2. 优缺点

该模式的优点：有利于子公司经营能动性的发挥，有利于增强其市场反应速度与能力。由于采用高度分权的管控方式，子公司治理机构在子公司日常经营中发挥了核心作用，并在财务、投资及人事方面拥有很大的自主权。避免了母公司管得过紧，使子公司经营的能动性受到限制、经营积极性难以发挥。另外，使子公司能够根据市场变化及时调整战略措施适应市场要求。

由于母子公司之间完全以资本为纽带，二者之间的资产关系明确、产权关系清晰，子公司完全独立、自主经营、自负盈亏，这使母公司的退出或融资机制非常有效：母公司以投资收益率作为对子公司考核的主要指标，当子公司收益率较高时，母公司可以通过上市、重组等方式使子公司吸纳新的股东、增加资本，以推动子公司的发展，反之，母公司可通过资本市场将子公司出售以减少损失。

该模式的缺点：不利于集团公司整体战略的布局与实施，很难在纵向一体化或价值链管理方面形成整体优势。

由于子公司是完全独立经营的法人实体，子公司在日常经营方面具有较大的权力并发挥了主要作用，极易造成母子公司间的信息不对称，使母公司难以对子公司实施有效控制。同时，子公司的经理层具有很大的控制权，加之母子公司间利益与目标取向的不同，很容易造成子公司内部人控制，甚至出现集体合谋寻租行为，使子公司完全失去控制，损害母公司利益，母公司的投资风险很难得到有效预防。

3. 适用范围

该模式主要适用于母子公司业务相关程度较低，奉行多元化经营战略的集团公司；母公司对子公司的持股比例较低，尚未达到绝对控股的地位,或随持股比例较高,但尚未达到绝对控股地位;子公司经营业务具有很高的专业性,母公司由于缺乏专业管理优势而无法直接干预子公司的运营过程。

(三) 运营管控型

运营管控型是一种集权的管控模式。母公司对子公司具有绝对控制权,对子公司的所有经营活动进行直接干预,子公司没有自主经营的权力,只负责执行母公司的决策。

1. 管控内容与方式

这种管控模式的决策权在母公司,子公司只负责执行母公司的决议,自身没有决策权。因此,无论是战略层面的问题,还是人事、物资采购、财务管理、营销管理、经营计划等具体事项,皆由母公司全权负责。从责任主体来看,子公司只是一个成本中心,母公司通过对其生产任务、成本指标完成情况的考核奖惩子公司经营管理者。

2. 优缺点

该模式的优点:母公司能够完全掌控子公司的发展战略及运营情况,有利于贯彻落实集团整体发展战略、有效配置资源,实现集团整体的协调发展。

该模式的缺点:当企业管理幅度较大,或母子公司经营业务存在很大差异时,信息不对称性和不完全性将造成母公司决策失误,导致运营管控模式的失败。

由于没有独立经营决策权,往往导致子公司经营层缺乏积极性;过于集权,导致子公司经营死板,缺乏活力。

3. 适用范围

这种模式不仅要求母子公司经营业务相似或完全相同,而且,母公司对子公司拥有绝对控制权,中小股东对此管控模式没有异议。这样才能降低母公司决策信息的不对称性和不完全性,保证母公司管控行为的合法性。由于决策权集中于母公司,所以,还要求母公司具有健全的职能部门和丰富的管理经验。

三、公司管控模式比较

表 7-1　公司管控模式比较

比较 模式	管控内容	管控方式	优点	缺点	适用范围
运营管控型（集权）	战略、人事、财务、采购、销售、生产、技术、安全	参与治理行政命令业绩考评制度约束	战略协调一致；减少中间环节，降低管理成本；资源配置具有整体观	不利于调动子公司的积极性；管理幅度大，容易造成母公司决策失误、时滞	母子公司经营业务具有相关性；母公司具有管理优势、资源优势；子公司相对较弱，独立管理能力差；母公司绝对控股子公司
财务管控型（分权）	战略、人事、财务	参与治理业绩考评	便于调动子公司自主管理的积极性；减少母公司直接干预风险	不利于集团整体战略的协调与实施；子公司潜在风险不容易控制	母子公司业务关联程度较低；母公司不具备管理子公司的优势；子公司自主管理能力较强
战略管控型（统分）	根据母子双方各自的优势划分权力边界	参与治理业绩考评行政命令制度约束	比较灵活，便于发挥母子公司各自的优势	难以界定母子公司的权力边界；难以适时动态调整母子公司的权力边界	母子公司业务具有相关性；母公司具备管理子公司的相对优势；子公司具备自主管理的相对优势；母公司对子公司处于绝对控股地位

第二节　公司管控模式选择影响因素

一、母子公司之间业务的关联度

不同的行业在产品生产、销售、技术、行业竞争力、市场竞争格局、行业政策等各方面均有显著不同，其运行规律和未来发展趋势也各不相同。不同的行业由于其特有的产业链模式，形成了独特的产业价值链及产业运行流程，因此对不同行业的子公司必须实施不同的管控模式。通常，与母公司业务高度相关、业务单一，母子公司之间信息比较对称，母公司具备专业和管理优势，不需要子公司做太多个性化经营决策的行业，可实施高度集权的管控模式，由母公司统一实施战略及经营决策，子公司只需严格执行母公司制定的计划即可；对于多元化发展的集团公司，子公司经常需要做出与母公司不同的专业化的经营决策，此时，母公司对子公司适宜采取分权型管控模式。

二、组织规模

组织规模对于管控模式具有重大影响，它决定了母公司的管理幅度和范围，对于不同的规模，母公司需要管理的幅度和范围不同，管控模式不同。在集团公司发展初期，控股子公司数量较少或分布比较集中，母公司有充分的能力对子公司实行集权管控。而当企业集团规模不断壮大、需要管理和协调的事务越来越多时，全部交由母公司来决策便会影响到决策的速度和质量，此时，需要集团总部逐步放权并向分权型管控模式转变。

三、母公司定位及管理水平

母公司作为一个市场主体、一个管理中心和协调中心，其管控职能定位决定了该集团的母子公司管控模式，对提高企业集团核心竞争力起着决定性作用。可以说什么样的职能定位决定了什么样的母子公司管控模式。如将母公司定位于集业务经营与资本经营于一体、战略管理与业务运作相结合的混合型公司，不仅要强化战略管理还要负责一些具体业务，母子公司管控模式偏向选择集权管控模式和统分结合管控模式。如将母公司定位于以资本运营、战略管理为中心的公司，其管理重心偏向战略管理、投资管理和资本运营，对子公司具体业务管理放权，母子公司管控模式则偏向选择分权型管控模式。

母公司的管理水平对管控模式也有很大的影响。母公司管理水平越高，对子公司管控越趋集权化，相反，越应分权化。

四、集团公司发展战略

企业发展战略可以归结为业务一体化、相关多元化和无关多元化三种类型。不同的战略强调不同的发展重心，这对公司的组织结构、业务发展及人员配备都有很大影响，也必然要求不同的发展战略实施不同的管控模式。

实行业务一体化战略需要明确的发展战略和核心竞争力，管控的重点在于如何进一步强化核心竞争力。因此，集团需要做的是对关键运营业务进行监控，充分调动集团资源和服务，集中发挥协同效应和规模效应，打造强势高效的战略管控体系。相关多元化发展战略涉及多行业或是同一行业下的细分，或互为依托，或资源共享，因此需要在集权与分权之间寻求平衡，集团不仅要形成统一的发展战略，还要考虑资源和服务的集中配置，保证整体资源的有效利用。对于无关多元化发展战略，由于发展涉及各个行业，而不同的行业特点需要不同的管控模式来适应，集团无法对成员企业实行非常紧密的管控，分权就成为必然。因此，实施无关多元化发展战略的集团大多采用财务管控模式，只对企业经营结果和集团投资回报率作要求，而不干涉企业的战略制定和日常运营。

五、母公司持有子公司股份比例

母公司持有子公司股份比例的大小直接决定了母公司对子公司的管控模式。如果母公司对子公司具有绝对控股地位，则可根据实际需要选择适宜的管控模式；如果母公司对子公司具有相对控股地位，管控模式的选择则要考虑其他股东对待管控的态度；如果母公司持有子公司股份的比例达不到控股或相对控股地位，则只能选择分权管控模式。

六、子公司的业务状况及管理水平

子公司业务对母公司发展战略的影响程度、发展水平（包括规模、技术、设备先进程度、市场占有率等）以及治理结构、组织结构、制度建设、人员配备等方面对管控模式设计都有一定的影响。子公司业务对于母公司战略越重要，集权程度越高；业务发展水平越高，分权程度越高。子公司治理结构、组织结构越健全，制度越完善，人员配备越整齐，分权程度越高。

第三节 公司管控模式构建：一个案例分析

一、公司管控模式设计应考虑的因素

1. 母子公司经营业务具有高度相关性

潞安环能与临汾地区整合煤矿均属于煤炭开采行业，以煤炭生产与经营为主，经营业务具有高度相关性。潞安环能作为煤炭类上市公司，拥有先进的煤炭开采技术、雄厚的资金实力、健全的公司治理结构、专业的管理队伍和丰富的管理经验。因此，潞安环能具备对整合煤矿实施集权或统分管控的条件。

2. 母公司对子公司拥有绝对控股权

潞安环能持有整合煤矿股权比例最高近83%，最低达55%，潞安环能作为母公司对整合煤矿拥有绝对控制权。根据《公司法》要求，大股东持股比例超过51%即对子公司拥有绝对控制权。所以，从持股比例来看，潞安环能作为大股东，通过参与股东大会可以对子公司重大事件产生决定性的影响，具备实施集权或统分管控

的条件。

3. 子公司业务经营与管理处于劣势

整合煤矿原属于民营小煤矿，技术水平低、设备投入少、开采条件较差、资源开采率低、安全事故率高、人员素质低下，管理不规范，而且，所处地理位置较为偏僻。政府为了遏制煤矿安全事故的发生，实施了"国进民退"的政策。在此背景下，潞安环能兼并、整合临汾地区八大煤矿之后，进行了重新规划、设计，加大了资金投入，实施了技术改造和设备更新，开采条件大为改善。但是，由于短期内收购煤矿较多，人才需求急剧增加，整合煤矿主要领导以技术出身为主，经营和管理方面的经验相对欠缺，中层干部整体比较年轻、缺乏经验。综合判断，这八大煤矿的经营与管理水平虽然参差不齐，但是从整体上来看，仍然处于较低水平。在此条件下，并不具备分权管控的条件。

4. 子公司分布具有地域集中性特点，管理具有相似性和重复性

临汾地区八大煤矿均分布在蒲县境内，相隔距离不远。由于整合煤矿业务的相似性，八家煤矿业务管理具有相似性和重复性。如煤炭开采许可证的办理、与地方政府关系的协调与处理、与山西省煤运公司关系的协调、物资采购等业务，八家煤矿各自为政、分头处理，不仅话语权较小，而且管理成本重复发生，总成本较高。如果通过业务的集中处理，不仅可以提升各自的话语权，而且还可以降低管理总成本，提高母子公司的经济效益。

5. 煤炭行业安全监管要求具有特殊性

煤炭行业具有一定的特殊性，政府对煤矿资质条件要求较高，安全管理是煤炭企业管理的重中之重，这也是政府要求国有大型矿业集团收购民营小煤矿的原因。收购之后，经过重新规划、整合，安全生产的硬条件将得到明显改善，但是，如果不对安全实施集中管控，安全生产的软环境仍然不容乐观。所以，从政府监管要求和母公司安全生产风险防范的角度来看，对煤矿安全实施集权管控是

母公司的必然选择。

6. 小股东利益的诉求

根据《公司法》要求，股东应"同股同权、同股同利"，小股东的持股比例虽然较小，但是，有的也高达45%，其利益诉求必须予以考虑。基于此，过度集权可能会导致小股东的不满，因此，管控模式应选择统分管控型较为妥当。

7. 潞安环能的发展战略

潞安环能收购临汾地区煤矿之后，将实现临汾地区煤炭总产量达到千万吨以上，进而实现一体两面，再造一个潞安的战略目标。从潞安环能的战略规划来看，实现做大做强煤炭主业的战略目标，必须保证子公司战略与母公司战略的协调一致，因此，潞安环能对整合煤矿的管控应以战略管控型为主。

8. 地方政府的利益保护主义

整合煤矿均处于临汾市蒲县地区，煤炭行业的税收、规费收入是当地政府的重要财政收入来源。潞安环能对当地煤矿整合之后，可能会触及当地政府与长治政府之间的利益关系。这种关系的协调与处理仅靠整合煤矿是很难完成的，需要依赖潞安环能的资源及其影响力。因此，从这个角度来看，需要有一个机构统一协调处理整合煤矿与当地政府之间的关系。

二、公司管控模式设计与选择

从影响潞安环能对整合煤矿管控的因素来看，按照管控权限设计，可选择集权或统分管控模式。考虑集权管控可能会引起小股东的不满，甚至是有悖于《公司法》的要求，因此，潞安环能对整合煤矿的管控模式只能选择统分管控模式，即在明晰界定母子公司权限边界的基础之上，各行其权、各负其责，相互协调与配合，共同实现集团公司的发展战略。

从管控的内容与方式来看，应以战略管控为主，辅之以运营管控。为了充分发挥潞安环能的品牌、人才、技术、资金、市场、经验等方面的优势，充分调动整合煤矿的积极性，做到"放得开、管得住、搞得活"，管控内容应以母子公司战略的协调与配合为核心，对战略、文化、人事、安全、生产、技术、制度等层面的问题实施统分管控。同时，为了提高市场的话语权、有效利用资源、降低管理成本，对采购、销售、资金、公共关系管理等业务实施运营管控，集中管理。

因此，潞安环能对整合煤矿的管控，可按照"集权有道，分权有序，授权有章，有权有度"以及"战略上集权、战术上分权"的原则，通过子公司章程明确界定各自的责、权、利边界，哪些该集权管理、哪些该分权管理，都应作明确的规定。同时，母公司通过制定一系列相应的管理办法和激励机制，使子公司管理层与母公司保持目标一致，实现母子公司管控规范化、系统化、差异化、高效化以及企业集团战略一体化、效益最大化。

三、公司管控主体

（一）财务管控主体设计

潞安环能与整合煤矿的地理位置、交通状况以及整合煤矿的现状要求潞安环能必须成立一个相对独立的主体专司管控整合煤矿。因为，现行"以矿代矿"模式并不能完全解决整合煤矿问题，空白地带还需要整合煤矿自己解决，费时费力、不增效。目前，可行的管控主体有三个：设立派出监管机构、成立投资公司或煤矿管理公司。

1. 设立派出监管机构

由于整合煤矿管控涉及面较广，子公司分别与潞安环能不同部门进行沟通与协调显然是行不通的。因此，基于地理位置和对口管理的要求，母公司对子公司实施管控时，可以采取授权派出监管机构的方式对子公司实施管控。

在临汾地区设立一个经潞安环能授权的派出监管机构，以行使出资人的各项权能，专司蒲县整合煤矿的管控。潞安环能通过股东大会表决设立并授权派出监管机构行使出资人权能，具体负责整合煤矿的战略管控和部分业务的运营管控，协调整合煤矿与潞安环能、政府、社区、客户、中介机构等之间的利益关系，以降低协调总成本、管理总成本，提高整合煤矿及集团的经济效益，如图7-1所示。

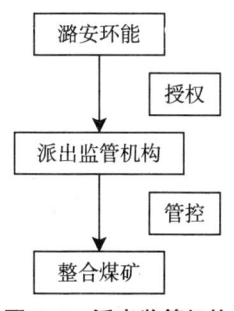

图7-1 派出监管机构

2. 设立投资公司

按照资本运作的常规做法，为了规避收购可能引发的风险，收购方往往在实施收购之前，先注册一家全资子公司，之后，以全资子公司为平台对收购对象实施兼购、整合。先行注册的全资子公司类似于投资公司，主要负责资本运营和资源整合及并购公司的管控（见图7-2）。

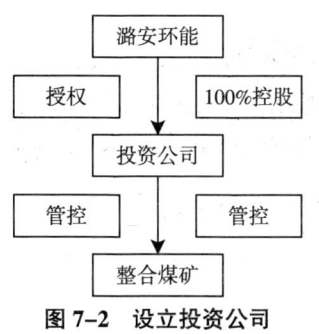

图7-2 设立投资公司

具体操作时，潞安环能在临汾地区先注册一家投资公司，并将其持有的整合煤矿的股权全部转让给投资公司，使投资公司成为整合煤矿的上一级控股股东，使潞安环能、投资公司和整合煤矿之间形成控股与被控股的母、子、孙三级关系。潞安环能通过对投资公司的管控间接管控整合煤矿，投资公司作为控股股东，直接对整合煤矿实施管控。

从法律的角度来看，投资公司作为一个独立的法人，直接持有整合煤矿的股权，并处于控股地位，具有对煤业公司实施管控的法律主体资格，在潞安环能与子公司之间建立风险隔离带。同时，也为潞安环能进一步收购临汾地区其他煤矿提供了操作平台，有利于收购扩张战略的进一步推进。

3. 设立煤矿管理公司

控股公司为了发挥其在煤炭生产经营管理等方面的专业优势和人才优势，通过成立全资煤矿管理公司，由煤矿管理公司为整合煤矿提供业务指导和管理服务。这种方式下，收购主体或投资公司直接持有整合煤矿的股份，煤矿管理公司通常并不持有股份，只是接受收购主体的委托和授权对整合煤矿实施部分业务的监管（见图7-3）。

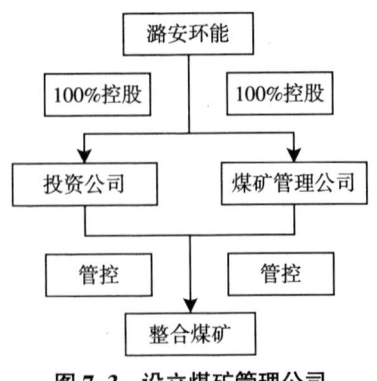

图7-3 设立煤矿管理公司

第七章 公司动态管控模式

目前，山西阳泉矿业集团已在临汾地区成立煤矿管理公司，并由该公司专司整合煤矿生产的安全监管。煤矿管理公司通过生产调度总中心可以实时监控每个整合煤矿的生产安全状况，及时发现问题、处理问题。并且定期或不定期到各整合煤矿进行安全检查和现场指导。从目前运行的情况来看，仅发挥了母公司对整合煤矿煤炭生产安全的监管，其他方面的管控则由持有整合煤矿股权的投资公司实施。这种做法反映了母公司对煤矿生产安全的重视，符合煤炭行业安全管理第一的原则。然而，将安全监管职能独立出来交由煤矿管理公司负责，其他方面则由投资公司负责，可能导致多头管控，协调成本较高，效率较低。

潞安环能也可以在临汾地区成立一家煤矿管理公司，通过该公司为整合煤矿的业务提供指导、管理提供服务，帮助整合煤矿建立健全公司治理结构、组织结构、业务流程及规章制度。由潞安环能负责行使出资人的监管之责。

（二）不同管控主体的比较与选择

1. 不同管控主体的比较

表7-2 不同管控主体比较

比较\主体	监管层级	操作难易程度	与当地政府协调难易程度	业务运营管控便利程度	税费缴纳	战略实施的难易程度	管控稳定性
派出监管机构	两层	较简单	较难	不方便	较轻	较难	不稳定
投资公司	三层	较复杂	较容易	方便	较重	较容易	较稳定
煤矿管理公司	三层	较复杂	较容易	方便	较重	较容易	不稳定

从监管层级来看，派出监管机构代表母公司对子公司实施管控，监管层级为两层。投资公司在接受母公司管控的同时，对孙公司实施直接管控，管控层级为三层。煤矿管理公司与整合煤矿的控股主体对孙公司实施双头共同管控，管控的层级为三层。

从操作难易程度来看，派出监管机构不是独立的法人，只需要股东大会、董事会表决通过即可付诸实施；投资公司和煤矿管理公司均为法人，也需要股东大会和董事会的表决，同时，还需要办理相关资质和法人营业执照，操作难度较大。

从与当地政府协调的难易程度来看，投资公司和煤矿管理公司均属于当地企业，所创造的税收收入为当地财政做出了贡献，当地政府有动力扶持；而派出机构代表的是集团公司，不属于当地企业，政府帮扶的动力不足。

从业务运营管控难易程度来看，投资公司模式如果具备煤炭开采与经营相关资质，对整合煤矿采购、销售、财务等方面运营的管控提供了极大的便利。而派出监管机构运营业务的管控需要借助于控股股东的业务运营渠道对整合煤矿实施管控，部门关系协调及利益分配有难度。

从税费的缴纳来看，投资公司和煤矿管理公司作为独立的法人，需要缴纳的相关税费较高。派出监管机构从属于控股股东不需要缴纳相关税费，税费成本较低。

从集团战略实施的难易程度来看，投资公司作为控股股东的收购、整合平台，为集团公司进一步收购、整合当地煤矿提供了条件，有利于集团战略的进一步实施。而派出监管机构不是独立的法人，不能提供收购、整合的平台，对集团战略进一步实施不能提供平台支持。

从管控的稳定性来看，因为投资公司是整合煤矿的控股股东，从法律的角度赋予了投资公司合法、稳定的管控主体地位；而派出监管机构只是授权管控主体，控股股东随时可以解除授权，取消派出监管机构的权力，因此，不具有稳定性。

2. 管控主体的选择

目前，潞安环能已经完成对临汾浦县地区八家煤矿的收购、整合工作，已经进入建设、运营阶段。从调研情况来看，整合煤矿确实陷入各自为政、多头管理的局面，不利于整合煤矿的高效运营。从务实的角度来看，现在急需成立一个专门机构负责整合煤矿的管控问题。因此，潞安环能有必要尽快在临汾地区设立派出监管机构，专门负责整合煤矿的管控问题，结束以矿带矿的管理阶段。

派出监管机构设立、运营一个阶段之后，如果运营顺畅、管控得当，可以进一步完善推广此种模式。如果派出监管机构不能完全实现潞安环能的战略意图，可以考虑在派出监管机构的基础上成立投资公司。

所以，管控主体的选择有渐进性和阶段性，这取决于潞安环能在临汾地区业务发展战略的定位及其整合煤矿的战略定位。如果整合煤矿只是近年来阶段性的政府行为导致的结果，派出监管机构足以完成对整合煤矿的管控工作。潞安环能如果从战略上想进一步占领临汾地区的煤炭资源及市场，则有必要成立一家投资公司。

所以，潞安环能对整合煤矿管控的主体可以分两步走：第一步，先成立派出监管机构；第二步，根据战略及业务运营需要再决定是否成立投资公司。

第八章 公司动态财务治理

第一节 风险依存状态与或有选择权

所谓风险依存状态（Risk-contingent State）是指投资人承受的实际风险偏离自身可承受能力（或预设风险）的各种可能的状态，包括风险溢余与风险短缺两种状态。为了规避风险溢余可能带来的损失，投资人会预先设定防范风险溢余的或有选择权。通过履行或有选择权，可以校正实际风险状态，实现风险与收益的匹配。所以，或有选择权（Contingent Option）是投资人对未来可能出现的风险依存状态以合同或法律的形式设定的用于保护既得利益和未来收益的各种权利。

张维迎（1996）通过一个简单的模型解释了财务状态变化对企业实际控制权的影响。[①] 设 X 为企业总收入，N 为股东最低预期收益，W 为应付工人的合同工资，R 为债权人的合同收入（本金加利息）。并假定 X 在 0~N 连续分布（其中 N 为最大可能收入）；工人的索取权优先于债权人。如果企业处于"W + R < X < W + R + N"的状态，股东是企业控制权支配者；如果企业处于"W < X <

[①] 张维迎.所有制、治理结构及委托代理关系 [J].经济研究，1996（9）.

"R+W"的状态，债权人是支配者；如果企业处于"X<W"的状态，工人是支配者；如果企业处于"X>W+R+N"的状态，经理人员是实际支配者。从这个模型来看，企业的实际控制权是随着财务状态的波动而不断发生变化的，控制权的配置是相机的。但是，从某一个阶段来看，假设企业处于"X>W+R+N"的状态，此时，虽然经理人员是企业控制权的实际支配者，但是由于信息不对称和影响预期收益不确定性因素的存在，非控制型利益相关者仍然具有履行或有选择权的行为动机。因为，利益相关者投入的是专用性资产，分担了一定风险，为了获取与风险相匹配的收益，非控制型利益相关者在预期收益受到影响的条件下，可以履行或有选择权，但是这种选择权不一定导致企业实际控制权的转移。所以，或有选择权的履行不一定伴随控制权的转移，但会影响企业控制主体的决策选择。

总之，企业财务状态的波动决定了利益相关者风险状态的依存性。当实际风险状态与目标状态一致时，实际收益与预期收益一致，利益相关者保留或有选择权；当风险状态与目标状态发生背离时，利益相关者会履行或有选择权，保全收益。所以，风险依存状态是利益相关者履行或有选择权的条件。

第二节 动态财务治理及其机理

所谓动态财务治理是指根据风险依存状态，利益相关者通过履行或有选择权改变企业实际控制权的配置状态，或影响控制主体决策行为选择结果，旨在保全既得利益或未来利益的风险分散机制。由于利益相关者对企业控制程度不同，作为控制型利益相关者的财务治理主体地位是不言而喻的。但是，从公平交易的角度看，为了避免控制型利益相关者对共同利益的侵害，也应当赋予非控制型利益相关者或有选择权。所以，非控制型利益相关者也是动态财务治理的主体。动态财务治理的运作机理见图8-1。

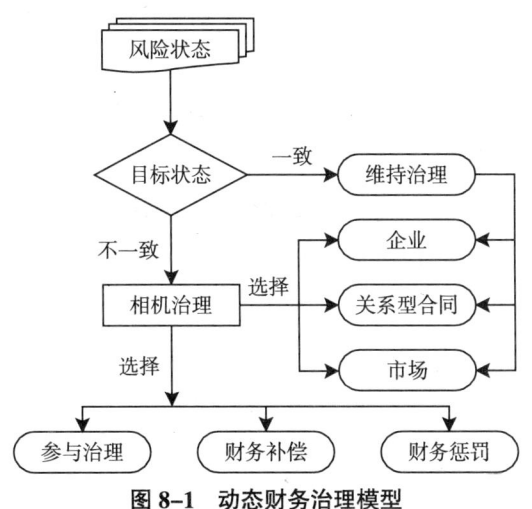

图8-1　动态财务治理模型

利益相关者的风险状态与目标状态的不同是动态财务治理的基本前提。当风险状态与目标状态一致时，利益相关者维持既定的治理模式，以获得预期收益；当风险状态与目标状态不一致时，利益相关者会选择履行或有选择权，重新选择风险分散机制，或在既定风险分散机制不变条件下，实施参与治理、财务补偿与财务惩罚等不同的动态财务治理策略。

企业、市场与关系型合同不过是不同形式的风险分散机制，不同形式的风险分散机制具有不同的运行成本。投资人在选择风险分散机制时，不仅要考虑风险分散功能的强弱，而且要考虑不同风险分散机制的运行成本。所以，如果所选企业的风险分散功能不能满足利益相关者的目标要求，作为投资人的利益相关者可以重新选择其他风险分散机制。

在既定风险分散机制不变的条件下，利益相关者也可以通过履行或有选择权以完善风险分散机制，如参与治理选择权；或者采取其他收益保全措施，如财务补偿要求权、财务惩罚要求权等。

利益相关者参与财务治理的方式方法包括两种：一种是在既定的控制主体不变的前提下，通过参与股东大会、董事会、监事会等企业治理机构，积极发表决策意见，影响控制主体决策行为；另一种是通过争夺企业实际控制权，打破既定治理结构，完善企业治理结构，提高风险管理水平。两种方式方法都有利于改善利益相关者的风险状态，保全既定收益。至于选择何种方式方法，需要根据利益相关者的风险状态与目标状态的偏离程度而定。例如，当企业的支付能力不能满足债权人的偿债要求，企业处于破产清算状态时，债权人会选择向法院申请企业破产，使企业的控制权由股东转为债权人所有，此时，企业控制权发生了转移。由于信息不对称，债权人为了达到收回本金和利息的目标，需要借助参与治理获得一定的信息时，就不需要转移企业的控制权。

利益相关者风险状态依存的影响因素包括市场风险和企业特有风险两个方面。系统风险状态的变化导致了利益相关者收益水平的变化，而系统风险的变化又是利益相关者无法规避的，这种无法规避的风险一方面由市场收益做出补偿，另一方面由财务补偿机制做出补偿。如中国证券市场股权分置的系统风险是由风险合同（股票）设置本身的制度性缺陷造成的，利益相关者因此而承受的风险，市场无法做出收益补偿，而必须由财务补偿机制补偿。财务补偿机制由利益相关者事先约定的财务状态发生时，受益方向受损方提供的收益补偿。另外，作为利益相关者共同体，企业的风险分散机制必须建立在一定的游戏规则基础上，如果某一方违背了游戏规则，那么，必须有一种惩罚机制以约束利益相关者的机会主义行为。政府作为市场监管者，除了制定规则、监管规则的执行外，还可以对违反规则的市场主体实施财务惩罚，所以，财务惩罚机制实施的主体是政府。财务惩罚机制为利益相关者提供了公平交易的环境和安全财务的保障机制。

第三节 风险分散机制选择

一、风险分散机制

1. 企业的风险分散机制

企业是各种要素资本的组合及其反映的产权关系，要素资本所有者即利益相关者共同投资的结果表现为企业的资产组合，其产权关系表现为融资组合。融资组合是一定财务状态下的投资者风险合同交易的结果，资产组合是投资者风险合同交易的标的物。当资产组合的风险收益特征反映了利益相关者的风险偏好与预期收益目标要求时，资产结构与融资结构达到一种完美的结合状态；当资产组合的风险收益特征不能满足利益相关者的风险收益目标要求时，利益相关者的代理人会借助要素市场与产品市场实现资产交换，调整资产结构。资产结构的调整过程与融资结构优化的过程就是企业风险分散的过程。在企业风险分散的过程中，利益相关者之间资源优势互补，提高了各自风险承受能力，使企业有了更多的财务机会和更多的选择空间。

当资产组合的风险收益特征完全满足业主的偏好时，业主愿意自己投资持有该资产组合，此时，企业的组织形式表现为独资企业；当资产组合的风险与收益特征超过业主的承受能力，他会选择调整资产组合，或将风险收益组合部分出售给其他人，与其他人共同分摊资产组合的风险与收益。此时，可能是因为资本的限制，也可能是风险收益管理能力的限制。如果是资本的限制，他会选择举债借入资金，一方面可以解决资产规模扩大带来的资本需求，另一方面可以享受剩余收益的好处。如果是风险管理能力的限制，他会将以资产组合为标的物的风险合同部分或全部外包给具有这方面能力的经营者；或者做出妥协引入具有这方面能力的合伙人、战略投资者。这样，就形成了其他企业组织形式。

从以上分析可以看出，投资者对风险分散的不同需要产生了不同的企业组织形式，不同的企业组织形式具有不同的风险分散功能。至于选择哪种企业组织形式，要根据利益相关者的风险偏好与预期收益要求，以及资产组合的风险收益特征而定。独资企业虽然有利于股东实现剩余收益的目标要求，但是由于独资企业单一股权结构决定了企业资本来源的单一性与风险管理能力的专用性，大大限制了企业可供选择的财务机会，不利于实现企业规模扩张与资产多样化组合分散风险的需求。合伙企业与公司制企业实现了股权结构的多元性与风险管理能力的普适性，能够有效改善独资企业风险分散的局限性，提高企业风险分散的功能。但是，由于合伙企业的所有者承担的是无限责任，公司制企业的所有者承担的是有限责任，二者的风险分散功能不同。合伙企业的无限责任不仅不能满足投资者厌恶风险的偏好，而且限制了企业选择财务行为的机会，因此，合伙企业的风险分散功能受到了极大的限制。而公司制企业的有限责任则满足了投资者实现高风险高报酬的目标要求，扩展了企业的财务边界，有利于提高企业的风险分散能力。

2. 市场的风险分散机制

要素市场和产品市场的风险分散功能在于为投资者提供了可供选择的资产品种和信号传递的功能。因为投资者风险偏好与预期收益是有差异的，对资产品种、质量要求也不一样，市场的功能在于向投资者提供可供选择的资产品种。要素市场和产品市场在向投资者提供资产的同时，还通过价格向投资者传递资产供应与需求的信息，价格信息又为投资者调整资产组合，为实现风险与收益的匹配提供了决策基础。

由于利益相关者的风险与收益结构的复杂性，以及要素市场和产品市场风险分散的局限性，有时仅仅通过调整企业的资产组合并不能完全实现利益相关者的风险收益目标要求。因为要素市场和产品市场提供的风险合同不能完全细分，资产组合不能严格按照马科维茨（Markwitz，1952）投资组合的比例要求实现风险分散。另外，资产的专用性与信息的不对称性也增大了资产交易的摩擦成本，因此，限制了投资者之间风险合同的交易的规模与频率。所以，企业与要素市场和产品市场之间的交易是有局限性的，不能完全满足利益相关者的风险偏好与预期收益要求。

为了满足投资者风险分散的需要，弥补产品市场和要素市场的缺陷，客观上需要将每个交易主体持有的资产组合细分为相同的份额，并以合约的形式进行交易，而且，这种交易不需要实物的交割，只需要交换产权证明，因此，形成了资本市场。根据金融合约性质的不同，可以将资本市场划分为股票市场、债券市场等，其中，股票与债券是以一定资产组合为标的物的金融合约，这些金融合约代表了一定财产的权利。资本市场分散风险的优势在于：

（1）降低市场交易的成本。资本市场交易具有便捷、迅速的特点，节省了投资者大量的时间成本，提高了市场交易的效率。特别是在互联网时代，网上证券交易系统使投资者可以跨时空配置资本，拓展了投资者资产选择的边界。这不仅有利于降低市场交易的成本，而且更有利于投资者选择多样化资产分散系统风险。

（2）提供可供交易的细分资产。资本市场可以根据投资者需要提供细分资产，这不仅满足了投资者资产品种需求的多样化，而且，为投资者不同风险收益目标下的资产组合定制提供了可能。而这正是产品市场和要素市场所不能完全提供的。

（3）传递决策有用的信息。要素市场和产品市场交易的过程复杂，所需时间较长；资产的专用性特征限制了市场交易的频率；而且，资产交易的场所相对比较分散。这些因素导致了产品市场和要素市场的价格信号传递功能弱于资本市场。因为，资本市场是通过网络系统集合竞价完成的,不确定性因素信息很快会反映到证券价格的变化上。根据法玛(Fama,1970)的有效市场假说,完全有效资本市场,证券价格可以反映现在的信息和预测信息;半强势有效资本市场,证券价格能够反映现在的信息,不能反映预测性信息;弱势资本市场,证券价格只能反映过去的信息,对现在信息的反映具有滞后性。所以,在强势和半强势资本市场条件下,证券价格信息能够为投资者提供选择交易行为的决策有用信息。

(4)提供做空机制。资本的逐利性驱使投资者选择风险投资,同时,投资者又会承受风险的精神折磨。那么,怎样才能满足投资者风险投资的愿望,同时又能减轻风险为投资者带来的折磨呢?资本市场就提供了这样的风险分散的机制——做空。资本市场交易的资产品种除了股票、债券等原生金融产品之外,还包括以股票、债券、金融指数等为标的物的衍生金融产品。衍生金融产品如期权、期货、远期合约、互换等为投资者持有原生金融产品提供了套期保值的功能,这种套期保值的功能为投资者提供了规避风险,但同时又能分享因冒风险而获取高报酬的满足感。

3. 关系型合同的风险分散机制

市场与企业是两种性质不同的风险分散机制,在企业与市场之间还存在着一种风险分散机制,即关系型合同。所谓关系型合同是指投资者为了规避不确定性因素对其财务行为的影响而签订的远期合约。通过签订远期合约,投资者可以规避未来不确定性因素的影响,转嫁风险,实现预期收益。因为,市场交易主体双方的自利性导致了各自行为选择的相机性,交易行为的相机性增大了投资者收益的风险性。而关系型合同正是基于约束交易双方相机行为的一种有效的风险分散机制。但是,由于关系型合同规定了合约双方行为选择的边界,也因此而增大了交易双方的机会成本。

4. 市场、企业、关系型合同与动态财务的关系

市场、企业与关系型合同在风险分散功能上的差异为投资者提

供了可供选择的备选方案,投资者可以根据风险依存状态选择不同的风险分散机制。动态财务为投资者提供了评估、控制风险的工具,投资者可以利用这些工具做出不同风险分散机制的相机性选择。所以,动态财务是实现不同风险分散机制转换的平台。而动态财务的风险分散功能又必须借助于不同风险分散机制的功能作用。动态财务是嵌套在不同风险分散机制中的风险分散因子。不同风险分散机制相互作用的机制如图8-2所示。

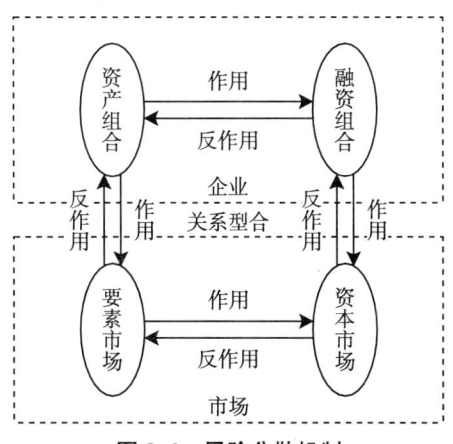

图8-2 风险分散机制

企业的风险分散机制在于资产组合与融资组合的不同选择。企业需要通过要素市场、资本市场与关系型合同不断调整资产组合与融资组合。当市场与合同的作用不能满足企业风险分散的需要时,企业就可以通过横向一体化或纵向一体化将市场或合同中的不确定性因素内部化,以降低不确定性因素对资产组合和融资组合的影响。反之,企业也可以将资产组合或融资组合的一部分以合同或市场的形式外包出去。至于选择何种方案,需要借助动态财务的工具模型进行评判、选择。

二、风险分散机制选择

私人财务主体分摊风险的机制性选择主要有市场与关系型合

同。根据预期收入的变化，私人财务主体动态选择投资与消费的比例关系，并根据信息的完全程度选择配置资本的财务边界。由于人力资本的专用性，私人财务主体可以选择关系型合同规避劳动力市场的不确定性因素对其人力资本投资报酬的影响；也可以选择期货合同规避产品市场价格的不确定性因素对其实物资本投资报酬的影响。如粮农可以与政府、企业签订远期供货合同以规避小麦市场价格的波动，也可以根据小麦期货市场行情的变化预测未来小麦的价格走势，以确定投资于种植小麦的资本。但是，由于受到预算收入和知识结构的限制，私人财务主体承担风险的能力限制了其财务行为选择的边界。只有在预期收益较为确定的条件下，私人财务主体才会适当举债，扩大投资边界。之所以如此，是因为私人财务主体风险分摊机制的选择只有市场和关系型合同，而市场与关系型合同带给私人财务主体是无限责任，抑制了私人财务主体冒险投资的冲动。

当市场与关系型合同风险分摊机制不能满足私人财务主体的风险偏好与预期收益要求时，企业就产生了。企业是各种要素资本的合同集，不同要素资本的组合提高了私人财务主体的风险承受能力。同时，有限责任企业相当于投资者持有的一份欧式卖出期权，为投资者冒险提供了制度保障。当投资者因冒险而不能偿还到期债务时，投资者可以执行期权，将企业的资产卖给债权人，而投资者只承受剩余资本损失。所以，企业是基于投资者因冒险而需要提高风险分摊能力以获得预期报酬而产生的。但是，获得企业风险分散功能需要付出一定组织成本，这些组织成本包括成立企业所需要的费用，以及保持并提高企业风险分摊能力所需要的费用。随着企业财务边界的扩大，外部不确定性因素对企业财务运行系统的影响就越小，但是由于业务的复杂性和信息的非对称性，企业的组织成本也会随之上升。所以，是否选择企业风险分摊机制或提高企业在风险分摊中的作用，取决于财务主体边际收益与边际成本的权衡，如果能够因此而给财务主体带来净增收益,财务主体就会选择或提高企业的风险分摊机制,否则就会放弃或终止企业。

企业作为分散风险的机制的优势在于利益相关者之间的资源优势,但是作为市场竞争主体的企业,其财务行为要受到利益相关者的自私心理的支配。而利益相关者的风险承受能力又决定了企业不可能选择着眼于改善一个国家或地区宏观经济状况的财务行为。因为,这种财务行为超出了一般投资者的风险承受能力。为了改善一个国家或地区的宏观经济状况,政府可以通过宏观调控政策校正企业的财务行为选择,而政府的这种调控作用是通过财务机制的传导作用实现的,然而受到预期不确定性因素的影响,政府的宏观调控作用受到了限制。为了弥补政府宏观调控的缺陷,政府还可以作为出资人成立国有及国有控股公司,发挥国有资本边际风险分摊能力强的优势,加大国有资本的风险投资力度,平抑市场的剧烈波动、推进技术创新,促进宏观经济的稳定发展。但是,国家作为出资人成立国有企业,必须完善相应的法律法规、完善市场的替代机制、增大违规处罚的力度,以此弥补国有资本公共产权的缺陷。

从以上分析可知,企业、市场与关系型合同都是投资者风险分摊机制的或有选择,是否选择一种风险分摊机制取决于一定财务状态下,财务主体选择一种风险分摊机制获得的净增收益。随着财务状态的波动,投资者选择风险分散机制具有相机性。同时,投资者还可以利用不同风险分散的优势,有效组合风险分散机制,以满足投资者风险状态依存的需要。所以,当利益相关者认为既定的风险分散机制不能改善自己的风险依存状态时,利益相关者就会根据不同风险分散机制的风险分散功能进行相机选择。

第四节 公司利益相关者动态财务治理

一、国资委的动态财务治理

在国有企业股权结构中,国务院国有资产管理委员会和地方国有资产管理委员会(以下简称"国资委")作为国家出资人代表,履行出资人职责。但是,国资委作为国有资本的产权代表,既具有行政事业单位的性质,又具有企业的性质。[①] 国资委在履行出资人职责时,不能直接干预企业的法人财产权。所以,在政企分离的条件下,为了实现国家财务政策的目标要求,国资委必须对国有企业实施动态财务治理,而不能直接干预国有企业的财权。一方面,国资委通过行使对国有企业经营管理者的考核、任免等人事权促使国有企业控制主体采取最大化国有资本保值增值的财务行为;另一方面,国资委通过明确国有资本的融投资政策、利润分配政策等财务政策间接约束国有企业控制主体的财务行为。国资委通过对国有企业控制主体经济行为的激励与约束,以及制定国家财务政策达到影响国有企业控制主体决策行为的目的。在国有企业经营效益低下的情况下,国资委可以采取转让产权、股份制改造等财务行为保全国有资本;在国有资本运营效率提高的情况下,国资委可以追加投资,增大投资规模,谋求国有资本收益的持续增长。

二、中小股东的动态财务治理

在股权分置的情况下,中小股东和控股股东处于不同的风险与

---

① 郭复初. 试论国资委的性质、管理范围与职责 [J]. 国有资产管理,2003 (8).

收益结构状态,控股股东的财务行为不一定满足中小股东的目标收益要求。如中国上市公司的股权结构中,控股股东的股份不能在二级市场上流通,而中小股东的股份可以在二级市场上流通,控股股东的收益结构包括股利分配和产权市场上的股份转让收益,而中小股东的收益结构包括股利分配和二级市场的资本转让收益。在产权市场不发达的条件下,产权市场的转让价格与证券市场二级市场的转让价格存在很大的差距,所以,控股股东转让股份的机会成本是很高的,控股股东的收益实质上主要由股利分配构成。那么,在企业控制权被控股股东操纵的情况下,控股股东的股利分配行为是否会考虑到中小股东的利益呢?大股东与中小股东由于参与公司治理的程度不同,对公司实际运营情况的信息了解也不同,如果控股股东利用自身的股权优势选择不利于中小股东的机会主义行为,中小股东又该如何保护自己的利益呢?

　　解决中小股东利益不受大股东机会主义行为损害的关键是建立基于中小股东的动态财务治理机制。正是基于股权分置的现实,必须赋予中小股东或有选择权。如当中小股东有半数以上不同意公司资产重组、再融资行为时,资产重组方案或再融资方案就不能表决通过。① 类别股东表决机制的建立为中小股东动态治理提供了制度保障。中小股东虽然拥有企业的所有权,但是,由于中小股东持股比例太小,缺乏对企业的实际控制权。在股权分置的情况下,非流通股和流通股股东的风险与收益结构明显不同,控股股东与中小股东的财务行为很难达到目标收益一致性。例如上市公司的再融资行为,再融资意味着控股股东可支配的财务资源的扩大,控股股东可以利用自身的控股优势和关联交易达到转移上市公司财务资源的目的,控股股东预期财富在增加。但是,再融资会直接影响二级市场上股票的价格,影响中小股东的利益。中国证券监督委员会提供的

---

① 中国证券监督委员会.关于加强社会公众股股东权益保护的若干规定(征求意见稿)[S]. 2004.

上市公司 2003 年年度报告统计显示，控股股东及其他关联方通过非经营性方式侵占上市公司资金的余额约达 588 亿元。据统计，在连续两年亏损的上市公司中，有 80%存在控股股东侵占上市公司资金的行为；已退市的 15 家上市公司经营失败的重要原因之一是控股股东的侵占行为。这说明在控股股东处于绝对控股地位的情况下，中小股东的利益保护处于被动地位，特别是在新兴的资本市场上，由于资本市场的风险分散功能不健全，这种现象更为严重。如捷克由于控股股东侵占上市公司资金的行为，1998 年的 1816 家上市公司到 1999 年初只剩下了 301 家。[①] 所以，在转轨制国家新兴的资本市场上，为了保护中小股东的利益，必须赋予中小股东更大的动态财务治理权。

有效解决中小股东动态财务治理机制的前提条件是降低中小股东行使表决权的成本，提高中小股东动态财务治理的行为动力。中小股东之所以不愿意履行动态财务治理权是因为股份太少，行权成本太高。所以，有效解决中小股东动态财务治理的两个基本的方略是建立中小股东累计投票权制度和中小股东投票权的信托代理制度。累计投票权解决了中小股东股份太少，对控制主体决策行为影响太小的问题；而投票权的信托代理制度则解决了中小股东行权成本过高的问题，中小股东可以委托投资银行、信托机构、基金公司等机构投资者代理行使表决权。

三、经营者的动态财务治理

国资委、中小股东具有对企业的动态财务治理权，经营者对企业也具有动态财务治理权。企业财务状况的好坏与所有者治理结构有一定的关系，当所有者决策行为导致企业经营状况恶化时，经营者则会通过管理层收购（MBO）实现对企业实际控制权的掌握。

---

① 张旭东. 以股抵债能否化解 577 亿元欠款[J]. 金融信息参考，2004（9）.

动态治理机制要处理的核心问题是监督和惩罚经营者，目的在于强化对董事和经理人员的约束。当企业财务状况恶化时，企业的经营者面临被更换的可能。此时，如果经营者是有能力的，经营者对企业经营存在的症结比其他利益相关者更为清楚，经营者具有收购企业维护自身利益的行为动机。在这种信息不对称的条件下，允许经营者收购企业将是企业可行的再生手段。同时，经营者收购了也是出于无奈，要保住已有的权力，必须抵制他人接管。这样，一旦企业被收购成功，对经营者就构成财富约束，他就有动力拯救企业。从各国的实践看，管理层收购已成为经常运用的企业重组手段。例如英国 1969~1986 年企业重组中管理人员买进的有 43 起，其他非财务性剥夺则有 1434 起；而 1980 年前者达到 108 起，后者仅 101 起。① 所以，赋予经营者通过管理层收购实施对企业的动态治理，对于提高企业的经营效率，改善国有企业财务状况是有益的。

另外，由于分权的存在，经营者可以通过授权经营企业的法人财产。所以，经营者对于授权经营的企业也具有动态财务治理的权利。如集团公司对属下的子公司的财务治理可以选择集权式财务治理模式和分权式财务治理模式两种。当属下子公司独立的财务经营状况良好，能够满足集团公司的目标要求时，对子公司的财务治理可以选择分权式；反之，当子公司采取分权式财务治理模式不能达到集团公司的目标要求时，对子公司的财务治理则采取集权式。分权与集权是集团公司对属下子公司动态财务治理的基本模式。

四、债权人的动态财务治理

债权合约与《破产法》是债权人动态财务治理的制度基础。其中，《破产法》是所有债权人维护资本权益必须共同遵守的法律，《破产法》所规定的债权人申请债务人破产的条件具有刚性，只有

---

① 杨瑞龙，周业安. 相机治理与国有企业监控 [J]. 中国社会科学，1998 (3).

公司动态财务理论

符合《破产法》所规定的条件，债权人才能申请债务人破产。只有债权人观察到债务人具有《破产法》所规定的破产迹象时，债权人才会启用《破产法》赋予的权利，对债务人实施财务治理，如债务重整、破产清算等措施。《破产法》有利于债权人资本收益的保全，但是不能满足债权人对资本收益增长的要求。债权合约是债权人和债务人共同签订的，具有一定的灵活性。每一份债权合同的内容和限制性条款都不相同。债权人可以利用债权合同实施资本收益保全的同时，通过增加限制性条款实施债权人的资本收益增长的目标要求。所以，如何签订债权合同是债权人实施动态财务治理的关键。

债权人之所以要签订有利于实施动态财务治理的债权合同，是因为信息的不完全性和非对称性。债权人不可能签订完全合同，将各种可能发生的情况都考虑进去。这就要求债权合同要设立限制性条款和附带性条款，限制性条款主要是对资金筹集、使用等的限制性规定，附带性条款是债权人为了实施动态财务治理而设立的，是基于债务人不同财务状态考虑的债权人的财务行为选择。

债权人的动态财务治理应当考虑的财务状态包括债务人业绩稳定，现金流转顺畅，偿债能力稳定；债务人业绩下滑，现金流转不畅，偿债能力下降。债权人的动态财务行为包括抵押资产变现、追究担保人连带责任、债务重整、申请债权人破产和追加贷款额度。债权人的动态财务治理行为包括接管董事会、参与董事会、接管监事会、参与监事会、更替经理人员（包括总经理、副总经理和财务经理）。如果出现了不利于债权人的财务状态，债权人会实施资本收益保全措施；如果出现了有利于债权人的财务状态，债权人会实施有利于资本收益增长的追加贷款指标措施。无论企业出现了哪种财务状态，债权人采取了哪种行为，为了获得一定的决策信息，债权人都具有相机参与企业治理的行为动机。

随着中国金融体制的改革，商业银行将不仅向企业提供债权融资，而且还可以向企业提供股权融资，商业银行将会具有债权人和股东双重身份。主办银行制度下的关系型融资体制会逐渐形成，与之相应的动态财务治理制度也应逐渐完善。

五、职工的动态财务治理

社会主义市场经济体制与资本主义市场经济体制的根本区别在于财产所有制实现的形式不同，社会主义市场经济条件下，国有经济成分在国民经济中起到支配和引导的作用。国有经济的公共产权属性决定了资源配置不仅要强调效率，还要兼顾公平。特别是处于经济转轨期的中国，企业制度改革直接关系到职工的经济利益，如果企业制度改革只强调效率，不顾社会公平，侵害了处于弱势地位的职工的利益，就会引起社会的动荡。所以，应当赋予职工动态财务治理权。

工资和奖金是职工的主要收益，被解聘或降低薪酬标准是职工可能面临的风险。职工因为个人能力或道德问题遭到被解聘或降低薪酬标准是管理者进行人力资源管理的基本原则，但是也存在因为管理者无能造成企业绩效滑坡、财务状况恶化，职工工资发不出来的现实。所以，职工应当具有动态财务治理的权利，以维护自身的利益。当职工的整体利益受到威胁时，职工可以通过选择参与公司治理、要求进行财务补偿或财务惩罚等动态财务治理措施以维护自身的合法权益。

六、客户的动态财务治理

客户作为企业的利益相关者，可能是企业的供货商或销售商，与企业之间具有密切的经济业务关系，企业的财务行为选择直接影响到客户的经济利益。所以，客户也具有对企业动态财务治理的行为动机。客户对企业的动态财务治理有两个基本的方案选择：一是通过与企业签订财务合约约束企业控制主体的决策行为，达到维护自身经济利益的目的；二是通过纵向一体化或横向一体化争夺企业的所有权达到控制企业的目的。如费舍公司与通用公司是靠长期合同来联结的两家独立的企业。但是,在 20 世纪 20 年代,通用公司对车身的需求量大幅度增加,在费舍公司拒绝修改确定价格公式之后,通用公司就通过买下费舍公司全部产权达到纵向一体化的目标(O. Hart 和费方域,1998)。当然,客户除了通过纵向一体化和横向一体化实现对企业控制权的争夺以维护自身的利益之外,客户也可以选择继续合作或放弃合作实现对企业的动态财务治理。当企业提供的产品或服务不能满足客户的需求时,客户就有可能选择放弃合作的策略。

七、政府的动态财务治理

政府不仅是企业的"守夜人",而且还可能是企业的债权人和投资人。作为"守夜人",当企业的财务行为影响到社会经济的安全运行时,政府将会对企业控制主体的财务行为进行惩罚,校正控制主体的财务行为。作为债权人和投资人,与其他债权人和投资人一样也有动态财务治理的权利。如对排污企业的治理,政府通过财务罚款或征税等措施影响企业控制主体的财务行为;政府对偷税、漏税的企业实施税收保全措施等都是政府对企业动态财务治理的表现。不过,政府作为企业的利益相关者,其本身具有追求自身经济利益最大化的行为动机,政府的动态财务治理权必须建立在完善的法律法规体系的基础之上。

第五节　公司动态财务治理的基本前提

一、明晰产权关系

作为一个独立的产权主体是利益相关者成为独立财务主体的前提，只有独立的财务主体才能对企业实施动态财务治理。无论是私人产权还是公共产权，必须界定清楚才能确定产权主体的各项产权权能和财务主体的财权权能。产权是关于财产的一组权利，包括占有权、使用权、处置权和收益权等，财权是关于资本配置的决策权、执行权与监督权等各项权能。在所有权与经营权分离的条件下，每一个财务主体都不具备完全的产权权能和财权权能，各项产权权能和财权权能必须在财务主体之间进行合理配置，才能建立有效的内部控制机制。如果产权主体和财务主体不明确，也就谈不上产权权能与财权权能的配置。所以，明晰产权主体是动态财务治理的约束条件之一。

二、界定或有选择权

信息的不完全性和非对称性是利益相关者动态财务治理的前提，正是因为如此，利益相关者在签订财务合约时，不可能签订完全的财务合约。但是，利益相关者可以根据企业可能出现的财务状态签订具有或有选择权的财务合约。前已述及，法律法规不可能穷尽各种情况，在约束财务主体行为时，具有一定的刚性，而财务合约具有一定的弹性。利益相关者之间可以通过谈判签订不同财务状态下的企业财权配置合约。通过签订具有或有选择权的财务合约，才能赋予利益相关者不同财务状态下的动态财务治理权。如大股东与中小股东之间、股东与经营者之间、股东与债权人之间、经营者与职工之间、政府与企业之间、客户与企业之间等都可以签订具有或有选择权的财务合约。

三、完善法律法规

受签约成本所限，利益相关者之间不可能签订穷尽各种情况的财务合约，完善与动态财务治理相关的法律法规可以降低利益相关者之间的签约成本，有利于为利益相关者提供动态财务治理的法律法规保障。与动态财务治理相关的法律法规包括《刑法》、《民法》、《公司法》、《证券法》、《税法》、《国有资产法》、《合同法》、《破产法》、《会计法》以及相关的财务会计制度等法律法规。目前，有的法律法规还没有建立，如《国有资产法》；有的还需要进一步完善，如《公司法》、《破产法》等。

四、健全市场体系

市场具有风险分散功能，利益相关者可以通过市场的风险分散功能实现预期收益。健全的市场体系包括要素市场、产品市场和资本市场。首先，市场具有定价功能，通过市场的价格机制可以向利益相关者有效传递企业财务状态的信息，为利益相关者提供识别动态财务治理的时机。其次，市场具有资源配置功能，资源优化配置的过程也是企业控制主体决策优化的过程，通过资源的优化配置可以实现企业所有权和财权分布状态的优化。最后，无论是财务合约，还是相关的法律法规都不可能穷尽一切财务状态，市场对财务合约和法律法规之外的情况提供了动态财务治理的可能。所以，市场的健全程度和有效程度对动态财务治理也构成了约束条件。只有不断健全市场体系、完善市场结构与市场规则，利益相关者才能有更多的动态财务治理备选方案。

第六节 动态财务治理对公司价值的影响：一个案例分析

一、公司概况

烟台华联发展集团股份有限公司（简称"烟台发展"），原名为烟台华联商厦股份有限公司，是经烟台市人民政府批准，由烟台市国资局、中国糖业酒类集团公司、建设银行、烟台张裕葡萄酒公司、华侨商店等单位于 1988 年 10 月发起和向社会公众募集资金设立的烟台市首家以商业经营为主的股份制公司。自 1993 年正式成立营业以来，经营业绩不断提高，1995 年，经济效益居全国华联集团第 7 位，并成为全国最大 300 家股份制公司之一。1996 年 10 月 28 日，公司股票在上海证券交易所挂牌上市交易，股票代码为 600766。股票上市时，烟台市国有资产经营公司（以下简称"烟台国资"）持有 48.65%的股份，是公司的第一大股东；中国糖业酒类集团总公司（以下简称"糖酒集团"）持有 14.98%的股份，是公司的第二大股东。从前两名股东的持股比例来看，烟台发展是典型的国有控股上市公司。

1998~2001 年，公司经过送股、转增股和配股，股本总额由 5340.59 万股迅速扩张到 17116.5512 万股，通过两次配股又募集资金 19914 万元。然而，烟台发展自上市之初至 2006 年底，股权转让频发，公司控制权不断转移，同时，公司业绩不断下滑，财务状况不断恶化。2001 年之后，公司就失去了再融资和股本扩张的能力。个中原因，令人费解。

二、公司股权结构演变

1997年12月30日，深圳德庐投资发展有限公司（以下简称"深德庐"）以每股3元的价格收购了烟台国资所持有的烟台发展1530万股国有股，占总股本的28.65%，成为烟台发展的第一大股东。烟台国资剩余股份为1068万股，持股比例降至20%，由第一大股东变为第二大股东。烟台国资实现了逐渐淡出烟台发展的第一步。深德庐控股烟台发展后，将烟台发展未来定位为以资本运营为主线，以实业发展为基础，以人才为依托，以科技为先导，以机制为突破口，调整产业结构，实施多种经营，实现公司高速发展与扩张，跻身世界一流公司的战略目标。为了实现多元化战略和股本扩张，公司于1998年实施了10送7配3的利润分配方案，配股价为人民币6元，共募集资金9487万元，公司总股本扩增到10660.18万股。完成配股之后，深德庐原持有烟台发展1530万股，送红股1071万股，以现金方式认购了459万股，深德庐累计持有3060万股，持股比例为28.70%。烟台国资原持有烟台发展1068万股，送红股747.6万股，本次认购320.4万股，累计持有2136万股，持股比例为20.04%。糖酒集团原持有烟台发展800万股，送红股560万股，本次认购240万股，累计持股1600万股，持股比例为15.01%。

1999年5月，还没有坐热板凳的深德庐就以"收缩战线"为由，将3060万股以每股3.05元的价格转让给了山东鲁信国际经济股份有限公司（以下简称"鲁信国际"）。本次转让，深德庐成功退出，共获利润1989万元，投机性心态昭然若揭。

鲁信国际受让深德庐28.70%的股份，相对控股烟台发展之后，首先将鲁信（美国）有限公司转让给烟台发展，并使其间接持有鲁南制药公司25.7%股权。随后，又推出了10送3转增2的分配方案。接着推出了10配3的筹资方案，配股数量为1126.2813万股，配股价为每股11元。第二次配股筹资1.1亿元之后，烟台发展总

第八章 公司动态财务治理

股份扩增到 17116.5512 万股。在本次送转配股中，鲁信国际送转股份为 1530 万股，以现金方式认购了 90.91 万股，其余部分放弃，累计持股 4680.91 万股，持股比例为 27.35%。烟台国资送转股 1068 万股，以现金方式实际认购 31.8182 万股，其余放弃，累计持有 3235.8182 万股，持股比例为 18.90%；糖酒集团送转股份为 800 万股，完全放弃认购配股股份，累计持股 2400 万股，其持股比例降为 14.02%。

2001 年 6 月 13 日，糖酒集团将其持有的烟台发展 14.02%的股份，共计 2400 万股转让给烟台正海集团有限公司（以下简称"正海集团"）。转让价格为每股人民币 2.50 元。而正海集团的控股股东为烟台国资，这样，烟台国资与正海集团合计持有烟台发展 32.92%的股份，比鲁信国际持股比例高出了 5.57%，从而再次实现了对烟台发展的实际控制权。

2001 年 5 月，鲁信国际欲将其持有的 4680.91 万股以每股 3.012 元的价格转让给深圳万基药业有限公司（以下简称"深万基"），但是，由于当时烟台发展股价连续走高，每股价格已达到 15 元多，或因其他原因，此项交易最终被搁浅。2002 年 5 月 29 日，深万基通过受让山东鲁信投资集团公司持有鲁信国际 56.76%的股份，成为鲁信国际的绝对控股股东，从而实现了间接持有烟台发展 27.35%的股份的目的。深万基曲线收购烟台发展的目的是为了借助烟台发展的上市融资功能发展壮大医药产业，实现其大医药的战略格局。但是，由于实际控制权被烟台国资掌控，深万基欲实现其做大做强医药产业的战略受阻。因此引发了对烟台发展实际控制权的争夺。

2003 年 7 月 31 日，深圳昌信实业有限公司（以下简称"深昌信"）受让正海集团 14.02%的股份，成为烟台发展的第三大股东。同年 12 月 3 日，深圳市国发投资管理有限公司（以下简称"深国发"）受让烟台国资持有的烟台发展 18.90%的股份，成为第二大股东。此时，烟台发展的控制权被"深圳系"所拥有，这也标志着深万基实际控股权争夺的胜利。

深万基控股烟台发展之后，其发展医药产业的战略以及相关的资本运作并没有改变公司的基本面，相反，由于财务资源的耗竭，烟台发展亏损更为严重、财务状况更加恶化。

2005年7月，烟台园城实业有限公司（以下简称"园城实业"）受让深昌信14.02%的股份成为第三大股东。同年12月4日，园城实业又受让深国发持有的占烟台发展总股本15.77%的股份，共计2700万股。园城实业合计持有烟台发展29.79%的股份，共计5100万股，成为第一大股东。自此，"深圳系"逐渐淡出，"烟台系"渐浮水面。

1997~1999年，烟台发展财务状况正常、盈利能力逐渐下降。2001年度资产负债率升至70.18%，财务状况恶化初露端倪。2001年，经过第二次配股后，烟台发展当年经营业绩亏损7600万元，被证监会列为典型的"变脸"公司。2003年4月，公司因连续三年亏损而被"ST"风险警示处理。2003年，公司实施了一系列资产重组，实现扭亏为盈，摘掉了"ST帽子"。但是，2003年的重组并没能彻底改善公司的财务状况，2004~2005年度公司仍然出现了严重亏损，资产负债率居高不下，财务状况进一步恶化，公司价值不断衰减，处于下退市边缘。

三、公司价值衰减成因

1. 第一大股东持股比例不足以及大股东持股比例之间相差甚微导致公司股权转让频繁

烟台发展的控制权转移经历了烟台国资、深德庐、鲁信国际、烟台国资、深万基和园城实业六个阶段。在这六个阶段中，只有第一阶段第一大股东持股比例大于第二大股东持股比例的33.67%，大于第二、第三大股东合计持股比例的31.8%，烟台国资作为控股股东具有绝对控股权。作为第二大股东的糖酒集团对烟台发展的商业运营模式具有支持作用，此时，烟台发展的业绩处于最佳时期。此后，深德庐、鲁信国际、烟台国资、深万基和园城实业作为第一大股东的持股比例平均大于第二大股东持股比例的8.49%；第一大股东的持股比例平均小于第二、第三大股东合计持股比例的4.75%，第一大股东只是拥有了烟台发展的相对控股权。除了1993~1997年、2003~2005年两个阶段外，其他四个阶段，第一大股东与第二大股东始终被"烟台系"和"深圳系"交替占据。在此情形下，第一大股东的实际控制权具有很大的不确定性，也因此导致了公司股权转让和实际控制权争夺的频繁发生。

2. 控制权争夺导致公司管理层频繁更迭

公司实际控制权的不确定性不仅导致股权转让的频繁发生，而且还导致公司管理层的频繁更迭。烟台发展自上市以来先后更换了五任董事长、八任总经理，其中，深万基控股期间先后更换了五任总经理，平均任职不到一年。公司高层管理人员的频繁更换，其最终目的是加强第一大股东的实际控制权。公司高层的频繁更替导致部门经理与员工流动性增强，严重影响了公司管理团队的稳定性和行为的长期性。

3. 大股东持股动机的投机性导致公司战略目标的不确定性和公司价值的衰减

第一大股东实际控制权的公司性决定了其投资行为的短期性，控股股东必然利用其实际控制权谋取短期经济利益的最大化。第一次股权转让，烟台国资获得了3060万元的转让收益。第二次股权转让，在不到两年的时间里，深德庐共获得1989万元的投资收益。2003年，深万基利用间接控股地位改变烟台发展募集资金的投向，促使烟台发展以4500万元收购其下属关联公司广东万基药业55%的股权、以6000多万元收购永安药业75%的股权，而作为控股股东的烟台发展却没有对这两家药业公司的实际控制权。

为了配合股权转让和二级市场的股票炒作，烟台发展战略目标不断变化。1988~1997年，商业是烟台发展的主营业务，公司在烟台商业圈中算是佼佼者。1997年，深德庐成为第一大股东之后，公司的经营战略由专业化向多元化转变，确立了商业与药业两大主业，并通过1998年配股募集资金直接投资扩大了商业规模，收购"申威药业"股权进入了医药行业。1999年，深德庐又将股权转让给了鲁信国际，而深万基通过鲁信国际间接控股了烟台发展。深万基之所以要控股烟台发展，其目的是为了壮大医药产业。而当时烟台发展总资产8亿多元，而且刚刚完成配股，其控股的鲁南制药和申威药业具有很强的盈利能力，符合深万基做大医药产业的战略目标。然而，进入烟台发展之后，深万基却发现鲁南制药股权在未经董事会批准的情况下被转让。2003年底，烟台发展实施重大资产置换，置入深万基旗下的广东万基药业、永安药业及"女人缘"保健品业务，欲打造"医药+保健品"的新主业格局。2004年年报显示，万基药业、永安药业合计利润为1000.55万元，而烟台发展仅财务费用一项就达2419万元，同时，公司原有商业业务也未有起色。2003年公司通过非经常损益勉强扭亏后，2004年亏损2233万元。深万基欲做大医药产业的设想宣告失败，烟台发展不仅没有在医药行业做大做强，而且失去了往日的在商业领域的竞争优势。2005~2006年，园城实业实现了对烟台发展的实际控制权，公司经营目标又由商业、医药业转向了房地产业，并实施了一系列的资产债务重组，转让了盈利能力较低的广东永安药业有限公司75%的股权，同时剥离了7338.3万元的银行债务以及1081.1万元的对外欠款。

烟台发展经营战略在不到20年的时间，由商业转向医药业，又由医药业转向房地产业，而在这三个产业中，烟台发展都缺乏明显的竞争优势。投资具有不可逆性，经营目标的频繁转换，资产重组业务的频繁发生，势必导致投资损失。公司在由商业向医药、印刷、房地产、报业等领域渗透投资的过程中，一方面，消耗了公司大量的资金，造成资产负债率不断提高。另一方面，新的投资项目并没能形成新的利润增长点，这样不仅没有在新的领域形成自身竞争优势，而且还失去了在商业领域的市场份额。连续亏损导致公司财源枯竭、银行借款比例提高，财务负担加重。正可谓弃商从药，而药未稳，商先乱。而对外投资造成的失误与控股股东的短期行为又是密切相关的，为了配合二级市场股价的上扬，所谓的战略也不过是停留于概念上的炒作，在实施战略的过程中形成的对外投资自然就缺乏科学论证。

四、研究结论及政策建议

1. 第一大股东持股比例比前三大股东合计持股比例对公司价值的影响更具解释力，支持第一大股东持股比例与公司价值之间呈正相关关系或左半侧"U"形关系的结论

前三大股东持股比例历年均在60%以上而且比较稳定，前三大股东对烟台发展处于绝对控股地位，但是，公司的业绩却逐年下降，财务状况不断恶化。进一步分析第一大股东持股比例的变化会发现，在1988~1997年，烟台国资一直持有48.65%的股份，处于绝对控股地位，公司业绩良好，净资产报酬率在同行业中排名靠前，每股收益、每股净资产逐年提高，资产负债率在50%左右，财务状况稳定。但是，自1997年末烟台国资委将其28.65%的股份转让给深德庐之后，公司业绩逐年下滑，直至出现严重亏损，资产负债率最终上升至2005年末的81.33%，财务风险一触即发。这说明第一大股东持股比例比前三名股东持股比例对公司价值更具影响力。

从第一大股东持股比例为27.35%~48.65%，可以判断其变化的范围处于"U"形的左半侧，而反映公司价值的每股收益、净资产报酬率、每股净资产等财务指标却随着第一大股东持股比例的降低

而降低，因此，检验结果表明第一大股东持股比例与公司价值之间呈正相关关系或左半侧"U"形关系的结论，但不支持二者是负相关、不相关或"U"形关系的结论。

2. 第一大股东与第二大股东之间的持股比例以及第一大股东与第二大股东、第三大股东合计持股比例之间的差距对公司价值具有影响作用

第一大股东与第二股东之间的持股比例以及第一大股东与第二大股东、第三大股东合计持股比例之间的差距越小，说明第一大股东与第二大股东之间，以及第一大股东与第二、第三大股东之间相互制衡越强，公司控制权的依存性越大。控股股东为了获得短期控制权收益的最大化，会利用其控制权地位，通过关联交易等手段转移公司的财务资源，损害其他股东的利益，造成公司价值衰减。相反，如果第一大股东与第二大股东之间的持股比例以及第一大股东与第二、第三大股东合计持股比例之间的差距越大，说明第一大股东与第二大股东之间以及第一大股东与第二、第三大股东之间相互制衡越弱，公司控制权的依存性越小，控股股东地位稳定，公司经营行为表现出长期性特征，有利于公司价值的持续增长。

从这一结论来看，仅仅以前三名股东或前五名股东的合计持股比例作为划分公司控制类型的标准进而研究其对公司价值的影响存在缺陷。因为这种研究方法忽略了前三名股东或前五名股东之间是否具有相互持股关系。如果具有相互持股关系，其结论与第一大股东持股比例对公司价值影响的研究结论是相似的。如果不存在相互持股关系，则在前三名股东或前五名股东之间可能会由于持股比例相当而引发对公司实际控制权的争夺问题。

3. 控股股东的持股动机是影响公司价值的重要因素

控股股东持股比例固然是影响公司价值的重要变量，但其影响的结果还要视其持股的动机。深德庐作为烟台发展的第一大股东，持股时间不到两年即将其全部股份转让给鲁信国际，这种投机性行

为严重影响了公司新战略目标的实施和未来的发展。鲁信国际的资本运营能力较强,但是在实体经营、商品经营方面的经验与能力不足。2001年鲁信国际本想将其所持股份全部转让给深万基,却反被深万基收购了自己。深万基为了自身利益成功争夺控制权之后,利用控股权地位促使烟台发展收购下属医药公司,不仅没有为烟台发展创造价值,反而造成烟台发展财务资源的耗竭。

从现有文献来看,更多关注的是大股东的性质而非大股东的持股动机,这固然有一定的价值,但是,容易得出错误的结论,因为同一性质的控股股东持股动机却未必相同,而持股动机决定了大股东的投资行为。

4. 股权制衡与公司价值呈负相关关系

在第一大股东持股比例远高于第二大股东持股比例,远高于第二、第三大股东合计持股比例的情况下,控股股东和非控股股东之间的相互制衡作用减弱,此时,由于大股东具有更强的动力监管经营者,更富有长远目标获得持续投资收益,因此,更有利于公司价值的增长。相反,在第一大股东持股比例与第二大股东持股比例,第二、第三大股东合计持股比例相当的情况下,控股股东和非控股股东之间的相互制衡作用增强,此时,由于大股东的控制权具有不确定性,而且持股比例相对下降,导致控股股东对公司经营者监管动力不足,短期投资行为加重,不利于公司价值的长期持续增长。

参考文献

[1] Barney. Firm Resources and Sustained Competitive Advantage [J]. Journal of Management, 1991, 17 (1): 99-120.

[2] Teece, Pisano. The Dynamic Capabilities of Firm: An Introduction[J]. Industrial and Corporate Change, 1994 (3): 537-555.

[3] Teece, Pisano, Shuen. Dynamic Capabilities and Strategic Management [J]. Strategic Management Journal, 1997, 18 (7): 509-533.

[4] Teece. Explicating Dynamic Capabilities: The Nature and Microfoundations of (Sustainable) Enterprise Performance [J]. Strategic Management Journal, 2007, 28 (4): 1319-1350.

[5] Wernerfelt. Resource-based View of the Firm [J]. Strategic Management Journal, 1984, 5 (2): 171.

[6] Alfred, Chandler. Strategy and Structure [M]. MIT Press, 1962.

[7] Black Fisher, Scholes Myrons. The Pricing of Options and Corporate Liabilities [J]. Journal of Political Economy, 1973, 81 (3): 637-654.

[8] Myers. Determinants of Corporate Borrowing [J]. Journal of Financial Economics, 1977, 5 (2): 147-176.

[9] Alexander Ardichvili, Richard Cardozo, Sourav Ray. A theory of entrepreneurial opportunity identification and development [J].

Journal of Business Venturing, 2003 (18): 105-123.

[10] Morris, Danielson, Thomas Dowdell. The Return-Stage Valuation Model and the Expections Within a Firm's P/B and P/E Ratios [J]. Financial Management. Summer 2001: 93-124.

[11] Amram, Kulatilaka. 实物期权:不确定性环境下的战略投资管理 [M]. 张伟,译. 北京:机械工业出版社,2001.

[12] Avinash Dixit, Robert Pindyck. 不确定条件下的投资 [M]. 朱勇,等译. 北京:中国人民大学出版社,2002.

[13] 吴树畅. 相机财务论:不确定性条件下的财务行为选择研究 [M]. 北京:中国经济出版社,2005.

[14] 吴树畅,郭云,李红梅. 基于实物期权的煤炭储备开发时机选择模型 [J]. 煤炭学报,2007 (8).

[15] 吴树畅,蒋晓宁. 激进财务政策下财务风险的积聚、扩散与控制:以"ST华源"为例 [J]. 财务与会计,2009 (5).

[16] 吴树畅,郭云. 企业发展战略与治理结构、融资行为的动态协调 [J]. 财务与会计,2010 (8).

[17] 吴树畅. 环境不确定条件下企业动态财务能力的分析框架 [J]. 财务与金融,2011 (4).

[18] 吴树畅. 公司价值在股权转让中衰减的成因分析:以烟台发展为例 [J]. 财务与会计,2007 (2).

[19] 吴树畅. 企业财务政策选择的原则和影响因素 [J]. 财会月刊,2006 (6).

[20] 吴树畅. 基于企业生命周期的财务管理策略 [J]. 财会通讯:理财版,2007 (5).

[21] 姜英冰. 财务灵活性:资本结构安排的新角度 [J]. 东北财经大学学报,2002 (2).

[22] 赵华,张鼎祖. 公司财务柔性的本原属性研究 [J]. 会计研究,2010 (6).

[23] 吴树畅.相机财务论：不确定性条件下的财务行为选择研究 [M].北京：中国经济出版社，2005.

[24] 邓明然.公司理财系统柔性的理论与方法研究 [M].武汉：武汉理工大学出版社，2004.

[25] 刘芳.论资本结构与公司生命周期的关系 [J].经济与管理，2004（1）.